監修者——木村靖二／岸本美緒／小松久男／佐藤次高

［カバー表写真］
ラッフルズの肖像

［カバー裏写真］
ラフレシア

［扉写真］
シンガポール河岸に立つラッフルズの像

世界史リブレット人68

ラッフルズ

海の東南アジア世界と「近代」

Tsuboi Yuji
坪井祐司

目次

ラッフルズとシンガポール

多くの日本人観光客が訪れるシンガポール。日本人にとって身近な外国の一つだろう。シンガポールは東南アジアの経済発展をけん引する存在でもある。立ち並ぶ高層ビル、整然とした都市交通網は、日本人が東南アジアに抱きがちな発展途上国のイメージからはほど遠い。それもそのはず、シンガポールの一人あたりのＧＤＰ▲は日本をしのぐのだ。日本とシンガポールの人的交流といえば、かつては日本からシンガポールへというほぼ一方的なものだったが、今や日本を訪れるシンガポール人観光客▲も珍しくなくなった。

シンガポールの中心部、高層ビル群を背負うようにラッフルズの像が立っている（扉参照）。今を去ること二〇〇年前、一八一九年にイギリス東インド会社▲

▼GDP　シンガポールの一人あたりのＧＤＰ（約六万ドル）は、東南アジア随一であるばかりか、日本（約三万八〇〇〇ドル）よりもはるかに高い（二〇一七年、ＩＭＦ統計）。

▼観光客　二〇一七年には、のべ四〇万人のシンガポール人が日本を訪れた（日本政府観光局統計）。シンガポールの総人口が約四〇〇万人（外国人除く）であることを考えれば、かなり大きな数字である。

▼イギリス東インド会社　英国王からの特許状により独占権を与えられ、アジア貿易に従事した商社。あわせて政治的権限も認められており、植民地統治もおこなった。詳しくは第一章を参照。

のトーマス・スタンフォード・ラッフルズがシンガポール島に上陸した。現在のシンガポールの都市の歴史の出発点である。ラッフルズは、シンガポールからみれば植民地支配者といえる。しかし、現在のシンガポールにはラッフルズの名を冠した高級ホテルもあり、彼に対してネガティブなイメージはないようにみえる。このことは、ラッフルズが単なる征服者としてだけではとらえきれない、さまざまな側面を持っていたことを示している。

ラッフルズについては、ソフィア夫人▲による回顧録をはじめ、多くの伝記が書かれてきた。母国のイギリスでは、大英帝国のアジア進出を担った人物の一人としてとりあげられることが多い。日本では、イギリスの植民地政策という視点からラッフルズを論じた信夫清三郎(しのぶせいざぶろう)▲の研究がある。信夫の原著は戦中に出版された古い作品だが、日本語の伝記としては、現在でもこれ以上のものはないといえる。

ラッフルズが建設したシンガポールという都市(国家)についても多くの本が書かれている。特に注目されるのが、独立後二五年間首相を務めたリー・クアンユーの強力なリーダーシップのもとで記録された急速な経済発展と、華人▲、

ラッフルズ像　エンプレス・プレイス付近のヴィクトリア劇場前にあるもの。

▼ソフィア夫人(一七八六〜一八五八)　ラッフルズとは一八一七年に結婚。彼の死後に伝記を出版し(一八三〇年)、業績を世に知らしめた。

▼信夫清三郎(一九〇九〜九二)　専門は日本の政治史で、大正デモクラシーの研究者として知られる。『ラッフルズ』は、日本の植民地経営を念頭に書かれた著作でもあった。

▼華人　海外在住の中国系住民。かつては「華僑」と表記されていたが、「僑」が一時滞在者を示すため、現地に定着した人びとを含む概念として「華人」の表記が一般的となっている。中国籍の保持者を華僑、現地の国籍の取得者を華人として使い分けることもある。

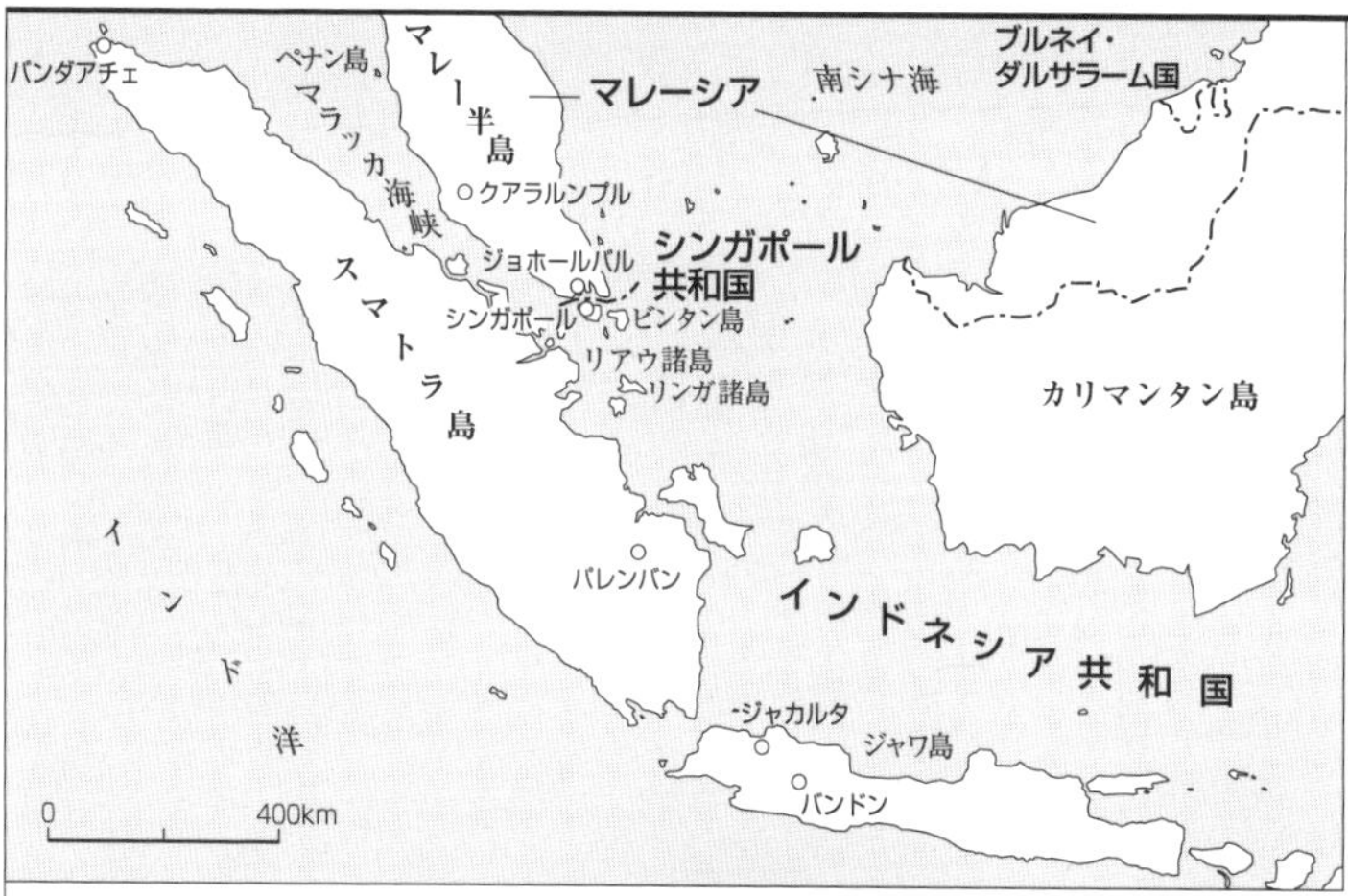

●—現在のシンガポールとその周辺

●—リー・クアンユー（一九二三〜二〇一五）　シンガポール生まれの客家系華人。弁護士から政治家に転身し、人民行動党を立ち上げた。自治領時代の一九五九年にシンガポール首相に就任、一九六五年の独立後も初代首相として経済開発を推し進めた。

●—ラッフルズ・ホテル（一八八七年創業）

マレー人、インド人など多様な民族からなる彩り豊かな社会である。この二つの特徴は、いずれもラッフルズがもたらした遺産ともいえるものだ。現在のシンガポールという視点からみたとき、ラッフルズとはどのような存在なのだろうか。本書では、この問いに答えるため、彼の生涯と東南アジアの海域世界の近代史をのぞいてみることにしよう。

①—アジアの海へ漕ぎだすイギリス人

誕生——十八世紀末のイギリス

ラッフルズは、一七八一年に当時イギリス領であったカリブ海のジャマイカで誕生した。父はイギリスと西インド諸島▲を結ぶ交易船の船長であり、ラッフルズが生まれたのは船の上であった。

十八世紀末のイギリスは、ヨーロッパのライバル・フランスとの間の第二次百年戦争▲とも呼ばれる争いを勝ち抜き、世界をまたにかけた海洋帝国としての地歩を固めていく過程にあった。ラッフルズは、このイギリスの海のネットワークのなかで生を受けたのである。

それとともに、十八世紀末は世界史的な時代の転換期でもあった。「環大西洋革命▲」といわれるヨーロッパ、アメリカの政治、経済、社会の変化を通じて、現在の世界へとつながる「近代」の構成要素が出現した。

ラッフルズがジャマイカで生まれた頃、北米ではアメリカ独立戦争▲が最終段階を迎え、騒然とした状況にあった。ヨーロッパでは、ほどなくフランス革命

▼**西インド諸島**　南北アメリカに囲まれたカリブ海域の群島。サトウキビの産地としてヨーロッパ諸国に大きな収益をもたらした。コロンブスがこの地域を「インド」と呼んだため、カリブ海域を西インド、アジア方面を東インドとして区別された。

▼**英仏第二次百年戦争**　十七世紀末から十九世紀初頭にかけて、断続的に起こった英仏間の戦争。ヨーロッパばかりでなく、北米やインドの海外植民地でも抗争が繰り広げられた。

▼「**環大西洋革命**」　十八世紀後半から十九世紀前半にかけて起こったアメリカ独立革命、フランス革命、中南米諸国の独立などの政治変革および産業革命による経済変革の総称。

▼**アメリカ独立戦争**　イギリスの植民地であったアメリカでは、一七七六年に十三植民地が独立を宣言、戦争の末に独立を勝ち取り、共和国を樹立した。人権や革命権を主張した独立宣言は、世界に大きな影響を与えた。

が起こる。イギリスは、十七世紀の清教徒革命▲、名誉革命▲という二度の革命を通じて絶対王政▲を廃し、立憲君主制▲を確立させていたが、このアメリカ、フランスの変化を通じて、共和制▲や自由主義▲などの理念が世界中に普及していった。

経済の面では、十八世紀後半にイギリスで産業革命が起こる。この変化を「革命」と呼ぶかについては議論もあるが▲、綿業における技術革新と蒸気機関の導入により、機械化が進み生産性が向上した。工業化にともない、農村から都市への人口移動が起こるなど、社会構造も変化し、資本主義への移行が進んだ。アダム・スミス▲による経済的な自由主義思想の理論化も、この変化のなかで起こった。

ラッフルズが育ったのは、ヨーロッパの近代が形成される過程のなかであった。自由主義、資本主義といった西洋近代的な価値観は、ラッフルズという人物を理解するうえで欠かせない要素といえよう。

海域東南アジア世界

ラッフルズは、一七九五年に一四歳で東インド会社に入った。一七八四年に

▼清教徒革命（一六四〇～六〇年）周辺諸国を巻き込んだイングランドの内戦。クロムウェルが国王チャールズ1世を処刑し、共和制をうちたて、絶対王政を崩壊した。

▼名誉革命（一六八八～八九年）議会がオランダの援助を得て国王ジェームズ二世を追放した政変。権利章典が制定され、立憲君主制の基礎となった。清教徒革命とあわせてイギリス革命ともいわれる。

▼絶対王政　近世初期にヨーロッパで出現した国王による中央集権体制。官僚制や常備軍を基盤に、王権が強大な権力を握った。

▼立憲君主制　王権が憲法などによって制限を受ける政治体制。イギリス憲法は不文憲法であるが、二度の革命を経て議会が優位に立った。

▼共和制　君主制の反対概念。もとは元首を持たない都市国家の政治体制を指したが、アメリカ、フランスの革命を経て、民主政に基づき国家元首を選出する体制となった。

行政官であった祖父が死去して金銭的に不如意となったために学業を続けることができず、若くして働かざるを得なかったのである。東インド会社では見習いとして採用されたが、その働きぶりが認められて、一九歳にして書記▲に登用された。一八〇五年、ラッフルズはペナン島(現在のマレーシア)に赴任を命じられ、東南アジアに足を踏み入れる。

ラッフルズの具体的な活躍に入る前に、その舞台となった海の東南アジア世界について概観しておこう。東南アジアは、ユーラシア大陸東南部とそれを取り囲むように広がる多島海からなる。細長い半島や無数の島々が入り組んだ地形を形成しており、全体として海とのかかわりが深い「海域」世界である。東南アジアは、西のインド洋と東の南シナ海を結ぶ海域であり、アジアの海上交易路の要衝に位置する。このため、東南アジアは文明の十字路であり、交易を通じて、文字や宗教など、さまざまな外来の文明を受容した。

東南アジアでは、熱帯の高温・多雨気候に適応した社会が形成された。熱帯雨林が広がる赤道付近では、陸上交通は発達せず、河川と海を結ぶ水上交通が主体であった。このため、土地を単位とする面の社会ではなく、河川を軸とし

▼自由主義　個人の自由を尊重し、封建制や宗教の束縛から解放しようとした思想。ロックやアダム・スミスなどの社会思想の展開を経て、フランス革命では基本的人権や思想・信条の自由が基本原理として打ち出された。

▼産業「革命」　経済史研究では、産業化をより長い時間軸で連続的にとらえ、十七〜十八世紀の手工業の発展をその初期段階(プロト工業化)として、十八世紀の変化を「革命」とみなさない考え方もあり、見解が分かれている。

▼アダム・スミス　『諸国民の富』(一七七六年)により、自由主義にもとづく経済思想を体系化した。国家の経済への干渉を批判し、市場原理にもとづく自由な競争や分業が生産性の向上、富の最大化につながると主張した。『道徳感情論』(一七五九年)を著した倫理学者でもあった。

▼書記　当時の東インド会社は、書記、代理商、準商人、上級商人という階層化された役職に分かれ、昇進を重ねていく仕組みとなっていた。

●**熱帯産品**　代表的な交易品としては、香辛料（胡椒、チョウジ〈クローヴ〉、ナツメグなど）、香木（沈香、白檀など）、動物製品（象牙、蜜蝋など）がある。香辛料のうち、チョウジはマルク諸島のテルナテ、ティドーレ、ナツメグはバンダ諸島が主産地であった。

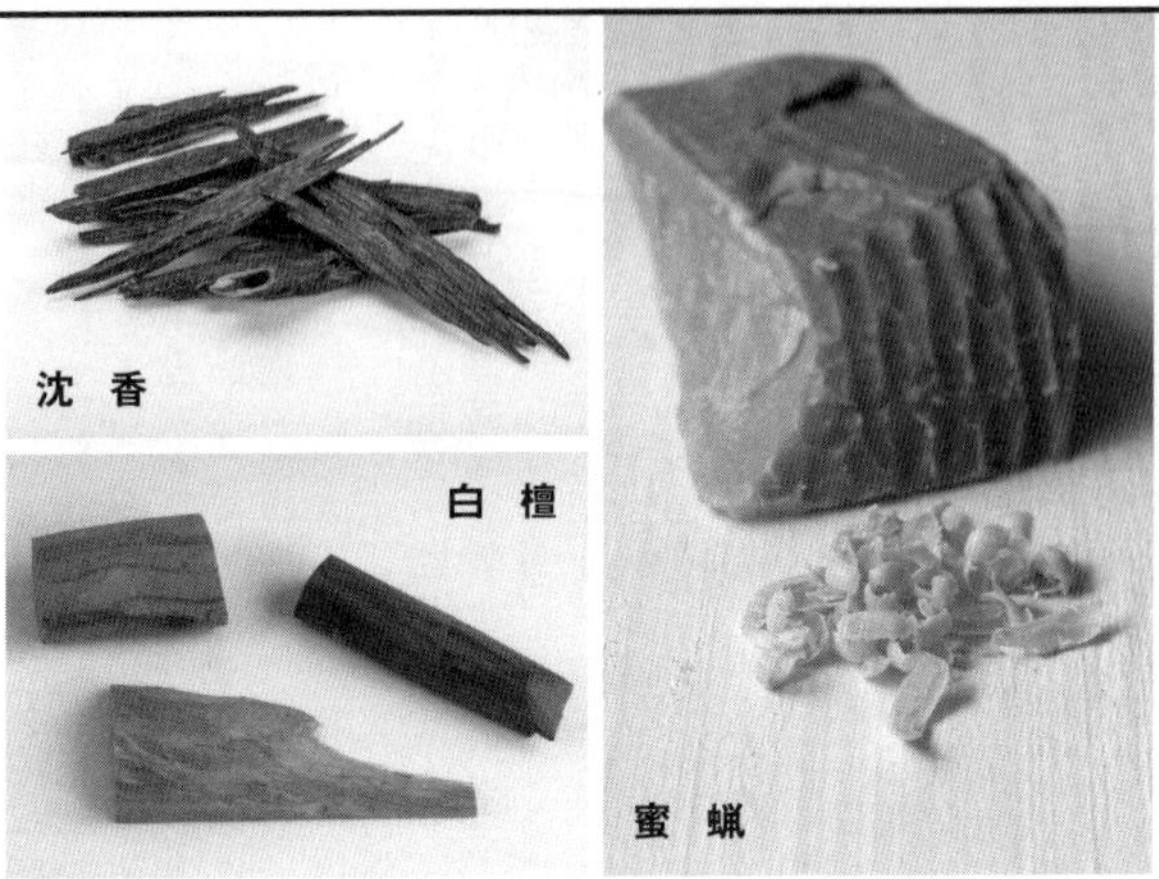

●**アジアの海上交易路**

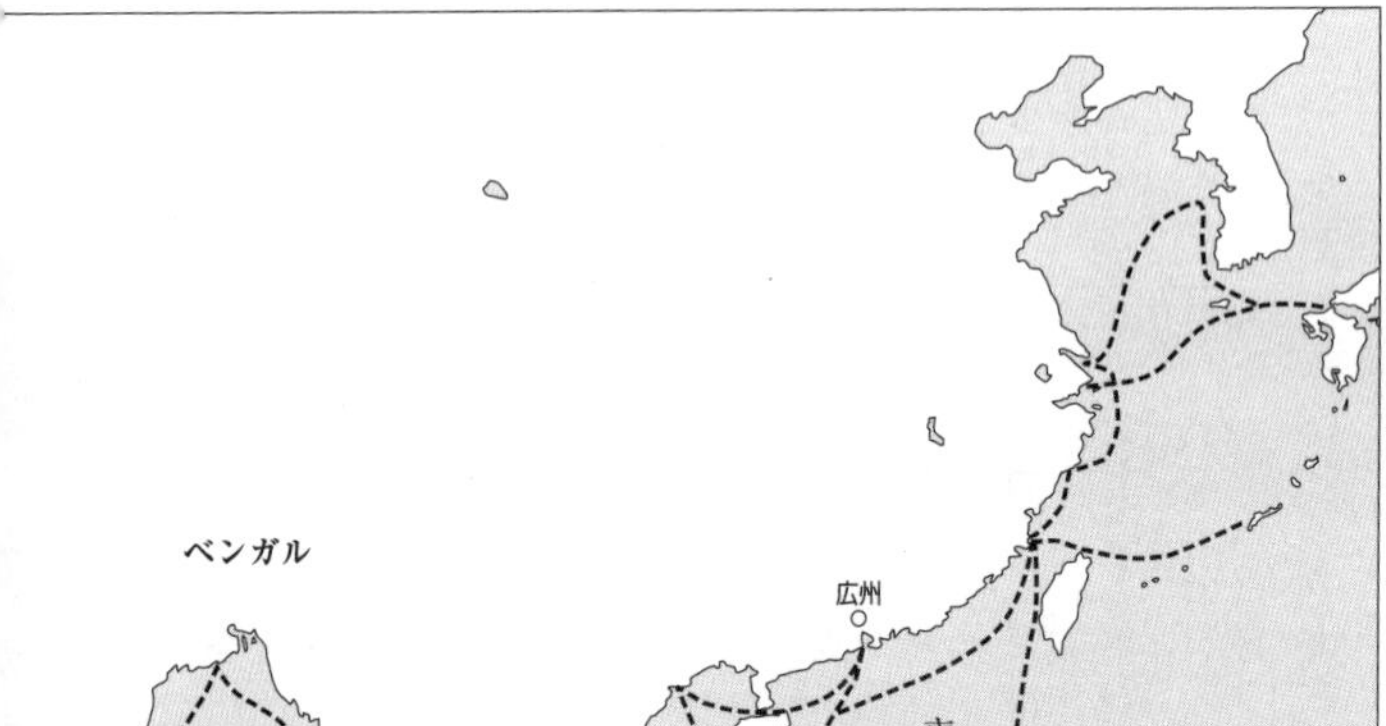

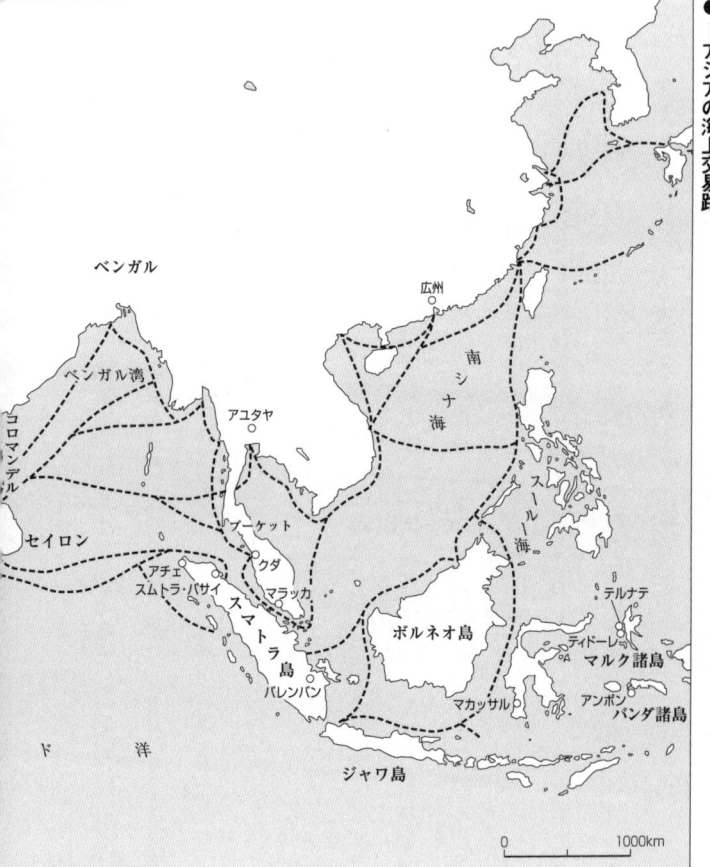

チョウジ

胡 椒

ナツメグ

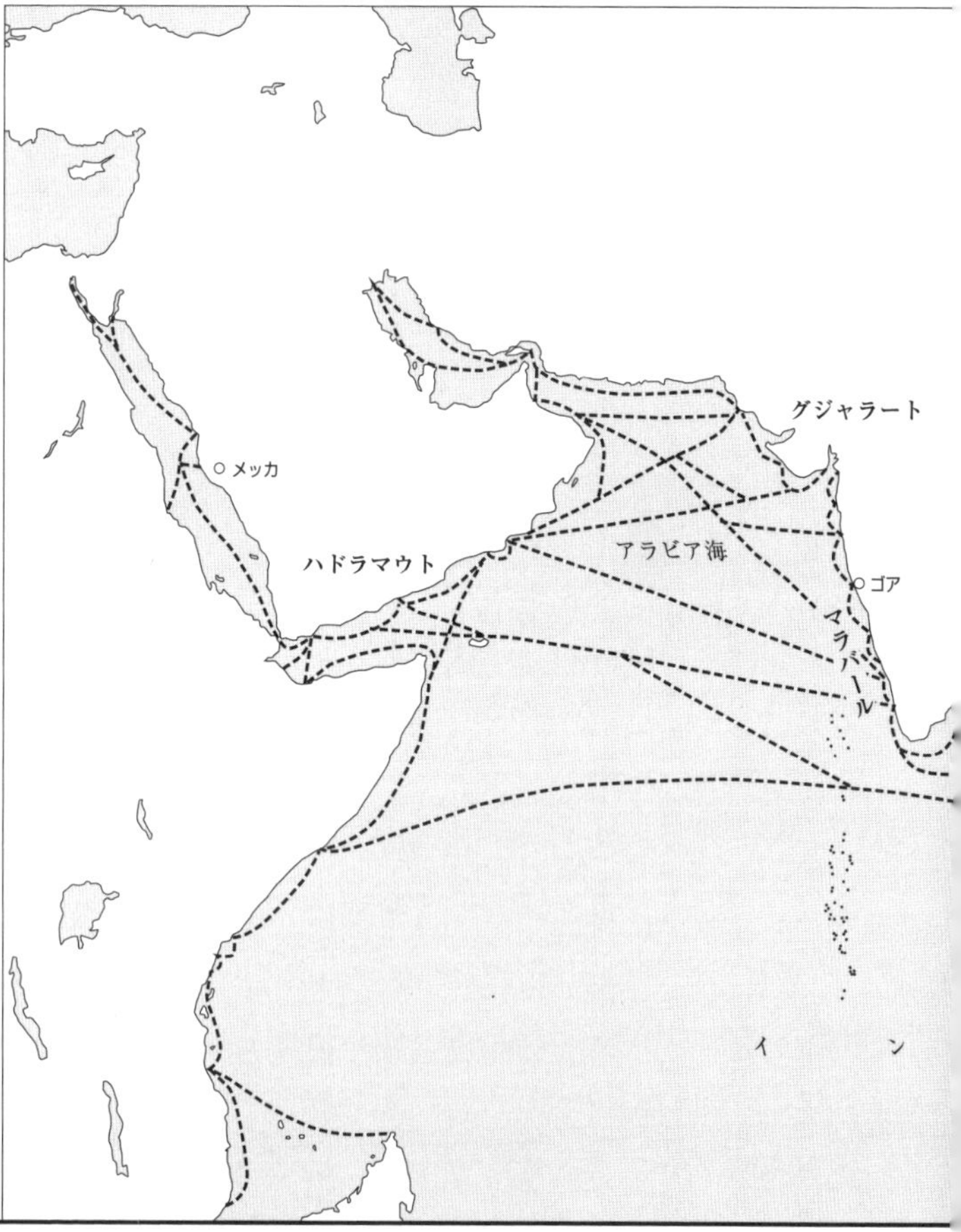
メッカ
ハドラマウト
アラビア海
グジャラート
ゴア
マラバール
イ ン

た都市のネットワークを基盤とする点と線の社会が形成された。人口密度は極めて低く、人びとが移動を繰り返す流動的な社会であった。熱帯雨林は、農業による穀物生産には向いていない。農業の代わりに、森林が生み出す貴重な熱帯産品を輸出する商業が中心的な生業となった。

海域東南アジアの世界秩序は、「マンダラ」▲に例えられる。人口の中心で社会の単位となったのは、港として発展した都市、すなわち港市であった。大きな港市が小さな港市を傘下に収め、自らを中心とするネットワークを築くことで政治秩序が形成された。ただし、その支配は不安定で、中心となる政治権力は常に入れ替わり、興亡を繰り返した。このようにして、無数の港市からなり、多中心的で統一されることのない世界が形成された。

前近代の政治権力も、内陸ではなく港市に成立した。港市に位置し、農業ではなく交易を基盤とした国家を港市国家と呼ぶ。港市国家は、海と河川によるネットワーク▲を支配した。港市国家の王権は外界につながる海と内陸の後背地を媒介し、人、モノ、文化など、すべての流れを統制した。王は外部から来た商人と結びつき、宮廷では移民・外来者が重要な役割を担った。港市は、東西

▼「マンダラ」　古代史家ウォルタースが提唱した。多数の港市が全体として一つの世界秩序を形成するさまを、多くの仏や菩薩からなる密教の世界観「曼荼羅」になぞらえた。

▼河川によるネットワーク　B・ブロンソンは河川交易の構造を図のようにモデル化した。河口(A)に成立した港市国家の王は川筋(F～B)を支配することで熱帯産品の流通を掌握する一方、外部(X)の商人を通じてもたらされる文化や宗教を独占的に受容し、その権威を利用して国内を統治する。港市の王は競い合って外来の文化を受容するため、イスラームなどの外来宗教は沿岸の港市に一気に普及した。

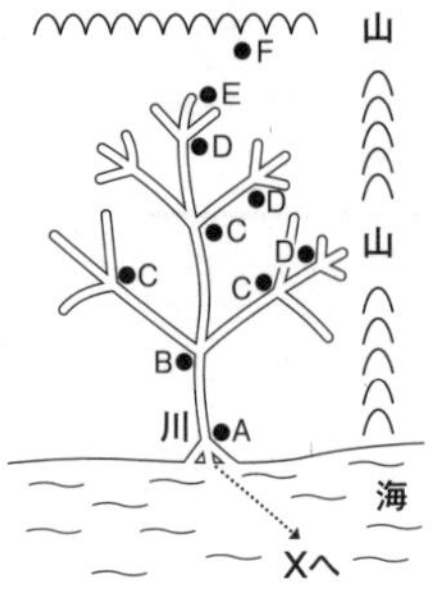

の商人が行きかう多国籍な空間であり、港市ではさまざまな外来文化が共存する多民族社会が形成された。シンガポールは、さしずめ現代の港市国家といえる。

マレー・イスラーム世界

ラッフルズが活躍したマラッカ（現地語ではムラカ）海峡は、東南アジア海域のなかでも東西貿易の結節点として歴史的に重要な役割を果たした。海域では、古代から季節風▲を利用した遠距離交易が発達した。しかし、マラッカ海峡は季節風が弱い航海の難所であったため、東西の船が出会う風待ちの地として発展した。マラッカ海峡周辺には、歴史を通じて、交易を統制することで繁栄する港市国家が次々と出現したのである。

マラッカ海峡を挟むマレー半島とスマトラ島東海岸で活動した人びとがマレー（現地語ではムラユ）人である。彼らは、商業を主たる生業として、海峡の両岸を往来した。彼らの言語であるマレー語は、海峡に集まる東西の商人たちにも幅広く使用され、商業の共通語として海域全体に広まった。古代にマラッカ

▼**季節風**（モンスーン）　アジア海域では、夏季は南西、冬季は北東と季節ごとに方角を変えながら風が吹く。ただし、南西（スマトラ島）と北東（マレー半島）を陸地に囲まれたマラッカ海峡は、季節風の影響を受けにくい。

海峡を支配したシュリーヴィジャヤ▲、シャイレーンドラ▲といった勢力は、各地にマレー語の碑文を残している。

十五世紀、海域東南アジアは「交易の時代▲」と呼ばれる商業ブームが起こった。そのとき、海峡を支配し、東の南シナ海と西のインド洋という二つの海域をつなぐ交易で繁栄した港市国家がマラッカ王国であった。マラッカ王国は、一四〇〇年頃にスマトラ・パレンバンの王族出身のパラメスワラ▲により建国された。明▲朝が派遣した鄭和▲の南海遠征▲に協力し、中国王朝の後ろ盾をえて自立すると、十五世紀後半にはヨーロッパで需要が高まったマルク諸島（現在の東インドネシア）産の香辛料の輸出拠点となり、インド洋のイスラーム商人を集めて全盛期を迎えた。

マラッカの繁栄とともに、海域東南アジアはイスラームの海となった。東南アジアにイスラーム教をもたらしたのは、商人であった。マラッカ王権も、香辛料を求めるインド洋のイスラーム商人をひきつけるために改宗したと考えられる。インド西部・グジャラートのイスラーム商人はマラッカ宮廷で大きな影響力を持った。マラッカは東南アジアのイスラームの中心地となり、島嶼（とうしょ）部東

▼シュリーヴィジャヤ　マラッカ海峡が海上交易路として確立された七世紀に成立した交易国家。スマトラ島パレンバンを拠点とした。唐代の僧義浄は同国（室利仏逝）における仏教文化の繁栄を記録している。

▼シャイレーンドラ　八世紀にジャワ島で勢力を強め、同島中部の内陸にボロブドゥール寺院（七九頁参照）を建設する一方、海域でも支配を広げ、マラッカ海峡から南シナ海のインドシナ半島沿岸にも進出した。

▼「交易の時代」　A・リードが提唱した時代区分。一四五〇〜一六八〇年頃、世界的な好況を受けて東南アジア海域には東西から商人が集まり、交易の繁栄により港市国家が成長した。

▼パラメスワラ　ポルトガル人トメ・ピレスの『東方諸国記』（十六世紀前半）によれば、ジャワのマジャパヒトの圧力を受けたパラメスワラが海峡をわたり、マラッカにたどり着いたという。中国・明朝の歴史書の『大明実録』にも、朝貢の記録のなかにその名が登場する。

南アジアの沿岸一帯のイスラーム化▲が進んだ。

しかし、マラッカは一五一一年にポルトガルにより占領されてしまう。十六世紀になると、ヨーロッパ人が香辛料を求めてアジアに進出してきたのである。ヨーロッパの大航海時代の先駆者となったポルトガルは、インド西海岸のゴアを占領して拠点とした。そこから東南アジアのマラッカを占領してマルク諸島に進出し、香辛料の獲得をめざした。ただし、香辛料の対価として取り引きされたインド産綿布の交易を握るイスラーム商人の存在は依然として大きく、香辛料交易の独占はできなかった。この時期、アジアはヨーロッパより物質的に豊かであり、ヨーロッパ人にアジアの巨大な交易圏を支配する力はなかった。

実際、ポルトガルのマラッカ占領後、イスラーム勢力のネットワークは衰退するどころか、かえって拡大した。イスラーム商人はポルトガルが拠点としたマラッカを避け、周辺の港市に寄港するようになったためである。十六～十七世紀、スマトラ島やジャワ島の内陸ではイスラーム商人が扱う胡椒の栽培が拡大し、アチェ（スマトラ）、バンテン（ジャワ）などの港市が相次いで最盛期を迎えた。王はスルタン▲（次頁用語解説参照）を名乗り、イスラーム教の権威を利用

▼**明**（一三六八～一六四四年）　朱元璋（太祖洪武帝）が元朝にかわって建国した王朝。当初は南京を首都としており、華南を本拠として中国を統一した最初の王朝であった。第三代永楽帝の治世に最盛期を迎えた。

▼**鄭和**（一三七一～一四三四頃）　雲南省のムスリムの家系の出身。宦官として永楽帝につかえ、七回の南海遠征の指揮をとった。

▼**南海遠征**（一四〇五～三三年）　遠征は七度におよび、第四回ではインド洋を横断してアフリカまで達した。規模も当時としては規格外に大きく、第一回は六二隻、人員二万七八〇〇人の艦隊であったといわれる。

▼**イスラーム化**　東南アジアでイスラーム教の受容が確認できる最初期の王権は、十三世紀末のパサイ（スマトラ島）である。交易の時代、イスラーム商人との関係を重視した港市の王権が競うように改宗したため、イスラーム教は沿岸部では一気に普及したが、内陸部への伝播は長い時間を要した。

▼スルタン　イスラーム世界における君主（世俗的支配者）の称号。アチェの王権は、イスラームの最高権威であるメッカのカリフに使者を送り、承認をえてスルタンを名乗った。

しつつ、胡椒など内陸の熱帯産品の集荷・輸出をおこなった。

　これらの諸港市は相互に独立した存在であったが、イスラーム教と交易言語としてのマレー語を共有しており、全体として一つの世界をなした。これをマレー・イスラーム世界と呼ぶ。この世界の特徴は民族的な多様性である。マレー人のみならず、マレー語のできる島嶼部の諸民族（ジャワ人、ブギス人など）もその構成員となった。加えて、インド洋からやってきたインドやアラブのイスラーム商人たちも、移住と婚姻を通じてネットワークを築き、広大かつ多様なイスラーム世界をつないだ。特に聖典コーランの言語・アラビア語を母語とするアラブ人は、マレー・イスラーム世界では高い地位をえた。

　東南アジアのイスラーム商人たちは、ヨーロッパ人の進出後も数において優勢であり、ヨーロッパ勢力が完全には統制しきれない独自のネットワークを持っていた。ポルトガルに続いてオランダ、イギリスが進出して以降も、それは変わらなかった。ラッフルズも、イスラーム商人たちとどのような関係を築くかを模索せざるを得なかったのである。

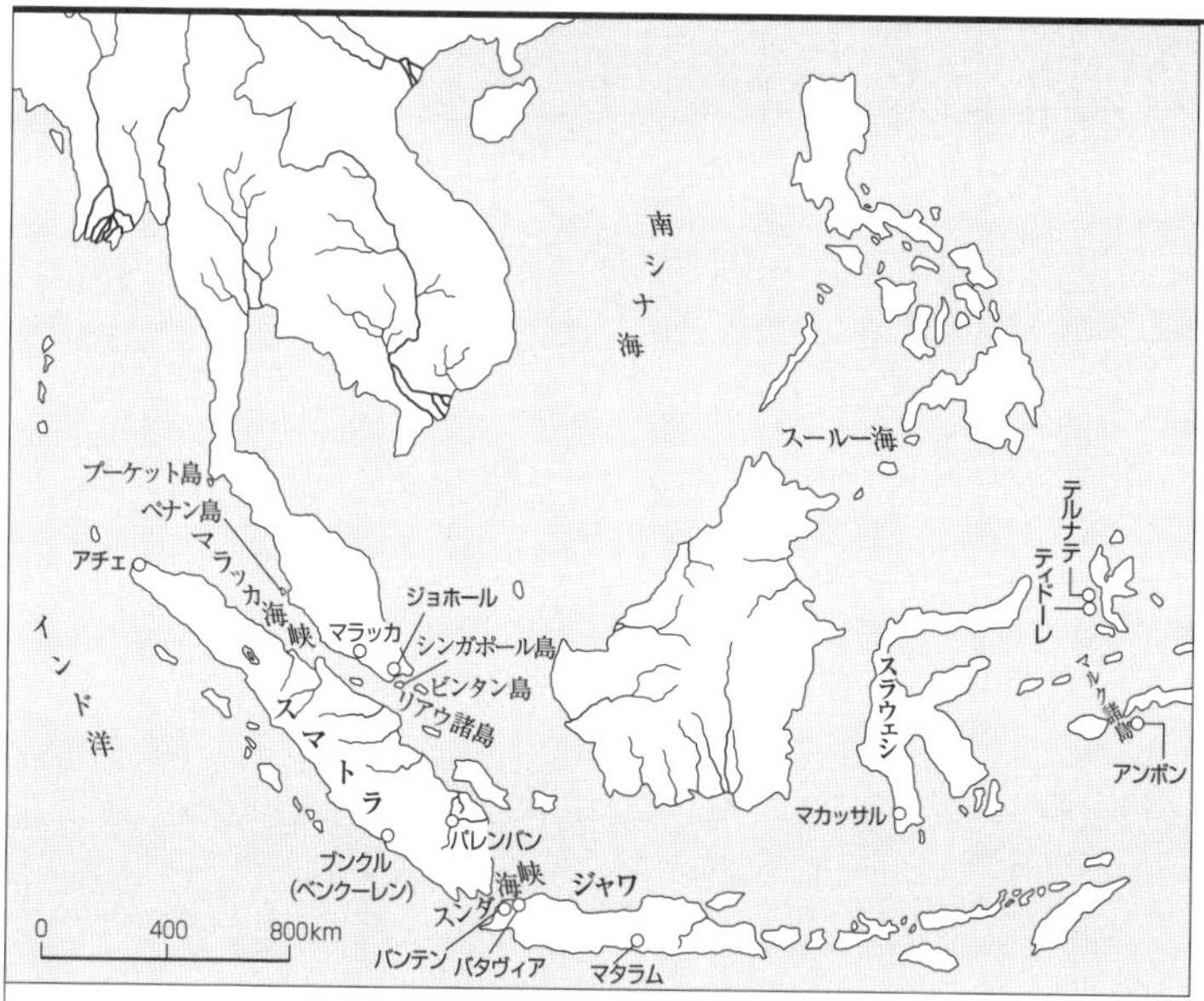

●─マレー・イスラーム世界

●─ポルトガルがマラッカに築いた要塞跡

▼ペスト　黒死病。十四世紀半ばヨーロッパ全土で猛威を振るった。人口減少は「十四世紀の危機」といわれる経済危機をもたらし、封建制度の行き詰まりは時代の転換につながった。

▼アジアのポルトガル商人　ポルトガル人は、個人的な私貿易としてアジア間貿易に参入した。日本史でいう南蛮貿易は、おもにポルトガル人がおこなった日中間の銀と生糸の取引である。本国が衰退しても彼らのネットワークは生き残った。マラッカでは、現在でもポルトガル人集落が残っている。

ライバル・オランダ

続いて、ラッフルズがやってくるまでの東南アジアにおけるヨーロッパ勢力についてみていこう。前節で触れたように、東南アジアに最初にやって来たヨーロッパ勢力の目的は香辛料の獲得であった。

香辛料は、ペスト▲の蔓延による人口減から立ち直りつつあったヨーロッパにおいて、爆発的な需要があった。香辛料は古代から中国向けに薬の材料として輸出されており、ヨーロッパでも薬効が期待されたといわれる。なかでも、チョウジとナツメグは、マルク諸島に産地が限定されていたために高価であった。当初西ヨーロッパ諸国は、インド洋のイスラーム商人と地中海のイタリア商人を介して香辛料を入手していたが、ポルトガルがアフリカまわりで直接参入したのである。ただし、小国ポルトガルにはアジアに船団を送り続ける国力はなく、アジアのポルトガル商人▲は徐々に現地化していった。

その後、イギリス・オランダ・フランスなどの西ヨーロッパ諸国は、東インド会社という会社組織をつくり、莫大な利益を生むアジア貿易に競って参入した。

なかでも、十七世紀に海上交易を支配したのがオランダ東インド会社であった。オランダは、現在では大国のイメージはないかもしれないが、この時期には交易国家として世界的な繁栄を手にしていた。日本の徳川幕府が関係を保った唯一のヨーロッパ勢力がオランダであったこともうなずける。

オランダ東インド会社は世界初の株式会社ともいわれる。株券を発行して資金を集め、利益を配当として株主に分配するシステムを確立した。ただし、東インド会社は、純粋な民間会社ではなかった。国王からの特許を受けてアジア交易の独占権▲を与えられ、他国と張り合いながら交易をおこなう国策会社でもあった。さらに、会社は、条約の締結、要塞の建設などの政治・軍事的権限を持っていた。東インド会社は、アジア域内では国家に近い存在であり、歴史を通じて、商社から植民地統治者へと変質していく。

オランダ東インド会社は、一六〇二年に小規模な商社の統合により設立されると、香辛料を求めてアジアに進出した。マルク諸島のアンボンをポルトガルから奪取すると、一六一九年に交易拠点としてジャワ島にバタヴィア(現在のジャカルタ)を建設した。

▼**アジア交易の独占権**　特許状において、「東インド」とは喜望峰からマゼラン海峡までを指しており、アジア海域全体をカバーしていた。これはイギリス東インド会社も同様であった。

オランダは、東南アジア海域に勢力をひろげて香辛料交易の独占をめざした。アンボンではイギリスの商館員を虐殺して排除し、ポルトガル領マラッカを占領した。交易拠点として繁栄していたイスラーム港市のマカッサル（スラウェシ）やバンテン（ジャワ）を制圧すると、香辛料の産地のマルク諸島において厳格な生産統制を試み、その供給を制限して高価格を維持しようとした。一六七〇年代後半にオランダは香辛料交易の優位を固めた。さらに、インド洋から南・東シナ海にいたる海域アジアに「喜望峰から長崎まで」と形容される商館▲網を築き、長崎を拠点として日本の銀を各地に供給するアジア間貿易でも大きな利益をあげた。

　国家が独占権を与えるという保護貿易▲政策によって利益を追究するオランダ東インド会社のやり方は、当時のヨーロッパの重商主義を象徴している。商業を通じた利潤（貿易黒字）の蓄積を経済発展の指標とする考え方である。重商主義政策と、商社としてのオランダ東インド会社は相性がよかった。

　しかし、まさにオランダが優位を固めたそのとき、景気後退と供給過剰によりヨーロッパにおける香辛料価格が暴落した。東アジアでも江戸幕府の鎖国、

▼商館　ヨーロッパ勢力が海域アジアに築いた商業拠点。要塞都市として、軍事拠点化した例もあった。

▼保護貿易　自由貿易の対義語。国家が関税や補助金などにより貿易に制限を加え、自国の産業を保護しようとする政策。

▼**遷界令**（一六六一年）　一六四四年に成立した清朝は、明朝を支持する鄭成功などの海域勢力の抵抗を受け、福建省沿岸部の住民を強制的に移住させる遷界令を発して海上封鎖をおこなった（一六八三年に解除）。

▼**インド産の綿織物**　南インド産の綿織物（キャラコ、モスリンなどと呼ばれた）はアジアの交易の主力商品であったが、安価で高品質であったことからヨーロッパにも輸出され、イギリス国内でブームを巻き起こした。

清朝の遷界令▲により、日中両国が相次いで海上交易の門戸を閉ざした。東南アジアにおける交易の時代は終焉を迎えたのである。十八世紀になると、オランダ東インド会社は港市・海域から内陸の後背地へ進出し、領域支配に重心を移していく。海域でのオランダの優位は続いたが、西のイスラーム商人や東の華人商人の交易ネットワークは活気を取り戻した。そこに、イギリスが進出してくる。

イギリス東インド会社——重商主義から自由主義へ

ラッフルズが所属したイギリス東インド会社は、一六〇〇年に設立された。十七世紀初頭にアジア海域に進出し、日本の江戸幕府とも関係を築いた。しかし、この時点ではライバルのオランダ東インド会社に資本力で大きく後れをとっており、東・東南アジアではオランダに太刀打ちできなかった。そこで、イギリス東インド会社は、香辛料の代わりにインド産の綿織物▲の交易に注力し、インドに拠点を求めた。

十七世紀末から十八世紀初頭、イギリス「商業革命」とも呼ばれる交易ブームを迎え、会社もそれにあわせて成長した。都市部の労働者人口の増加にともない、コーヒー・茶・砂糖・綿織物など、ヨーロッパ外で生産される都市住民の消費物資の需要が高まっていた。東インド会社は、インド産の綿織物に加えて、中国産の茶の輸入により、大きな利益をあげた。イギリスの工業化を支えた労働者の生活は、アジアやアメリカからの安価な輸入品に支えられていた。

この東インド会社による大量のインド産綿織物の輸入は、イギリスの産業革命の遠因になった。当初イギリスの綿産業は、品質、価格ともにインドの綿織物に太刀打ちできなかった。輸入の増加とともに巨額の貿易赤字が問題視され、国産品愛用運動が起こるとともに、保護主義的な政策もとられた。産業革命とは、綿織物の国産化、現代でいえば輸入代替型工業化▲の動きであった。これにより、十九世紀初頭に綿産業におけるイギリスとインドの競争力は逆転し、イギリスの綿織物がインドに輸出されるようになった。

イギリス東インド会社は、その頃から商社から植民地支配者へと性格を変えていった。一七五七年のプラッシーの戦い▲の結果、ムガル朝▲からインド東部のベンガル地方の徴税権を獲得したのを皮切りに、インドにおける支配領域を拡

▼輸入代替型工業化　従来輸入に頼っていた工業製品を国産化することで工業化を進める政策。工業化が進むと輸出志向型工業化へと移行し、政策も保護主義から自由主義に転換する。

▼プラッシーの戦い　ムガル朝のベンガル太守軍とイギリス軍との戦いとされるが、実際の戦闘規模は小さかった。ベンガル太守側の内紛にイギリスがつけこんで勝利し、新たなベンガル太守を傀儡として支配を強めた。

▼ムガル朝（一五二六〜一八五八年）バーブルが創始したイスラーム王朝。第三代アクバルの時代に北インドを統一、十七世紀に全盛期を迎えた。綿織物など手工業に顕著な発展がみられ、ヨーロッパとの交易も盛んだった。

大させた。これは、オランダ東インド会社によるジャワ島支配の拡大と軌を同じくしている。ただし、領土の拡大は統治コストの肥大化を招き、二つの東インド会社は財政赤字に苦しめられることになった。

冒険商人の時代へ

十八世紀後半以降、イギリス東インド会社は中国への進出を強めた。建国当初に海上交易から撤退した清朝は再び門戸を開いており、アジアの海域は活性化していた。しかし、綿織物とは違い、中国の茶は輸入代替のきかない農産物であり、イギリスの対中貿易は赤字を抱えたままであった。そこで、茶の対価に中国に輸出する商品として、イギリスが目をつけたのがベンガル産のアヘン▲であった。ここに、イギリス産の綿布をインドへ、インド産のアヘンを中国へ、中国産の茶をイギリスへ、という「三角貿易」が成立した。

インドの領域支配を進めた東インド会社は、イギリス人行政官への給与などにより、インドからイギリスに多額の送金をする必要があった。しかし、インドから大量の銀を持ち出したのではインド経済が破綻してしまう。三角貿易は、

▼アヘン　ケシ科の植物から分泌される乳液を加工した麻薬。古くは麻酔や鎮痛剤として用いられた。中国では十九世紀にアヘン吸飲者の急増が問題となり、清朝はアヘンの交易を禁止した(一七九六年)。

海域アジアの三角貿易

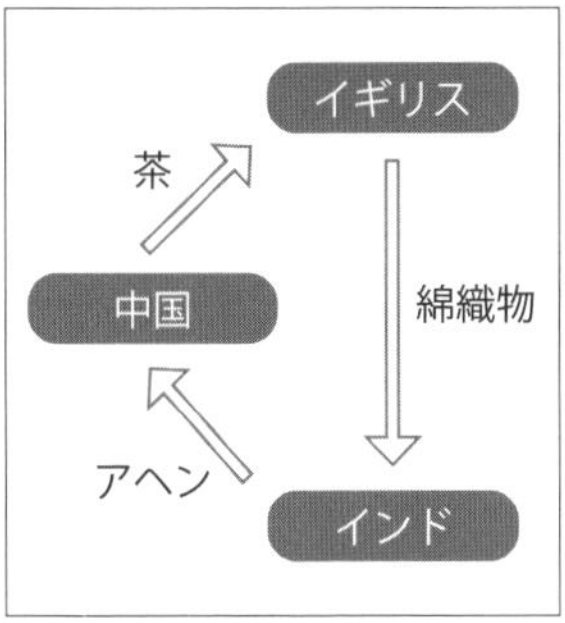

国際的な決済を通じて、貨幣(銀)ではなく商品のかたちで本国に財を送る仕組みでもあった。

ただし、この三角貿易は、東インド会社の重商主義的な独占権を掘り崩す要素を含んでいた。実際にインドから中国へアヘンを運んだのは、フリー・トレーダー、カントリー・トレーダーと呼ばれる私貿易商人であったためである。

イギリス東インド会社において、アジア間貿易はカントリー・トレード(地方貿易)と呼ばれた。ポルトガル、オランダと同様、イギリスにとってもアジア域内の貿易は重要であった。その多くは私貿易であり、当初は社員が個人的におこなっていたが、やがて会社に属さない非正規商人によって担われるようになった。

インドから中国へ運ぶアヘンは、アジア間貿易の主力商品となった。しかし、清朝がアヘンを禁制品に指定したため、持ち込みは違法(密輸)となった。公式にはアヘンを輸出できなくなった東インド会社は、非正規の商人であるカントリー・トレーダーにアヘン輸出を委託した。汚れ役を押し付けられた彼らだが、それを逆手にとってアヘンの密輸▲で荒稼ぎした。そんな彼らに資金を提供した

▼アヘンの密輸　W・ジャーディンはアヘンの密輸で巨万の財をなしたカントリー・トレーダーとして有名である。彼が設立したジャーディン・マシソン商会(怡和洋行)はイギリスの中国への経済進出の中核をなし、明治期の日本にも進出した。

のは、東インド会社ではなくアメリカ人商人であり、その背後にはロンドンの金融資本のネットワークがあった。ロンドンの金融資本家は、議会における影響力を駆使して特許状から東インド会社の交易独占権を削り、利益の見込めるアジア貿易への自由な参入を認めさせていった。

この経緯は、産業革命とともに重商主義から資本主義へと移行し、交易政策が保護主義から自由主義へと移行したことを示す。自由主義者のアダム・スミスが東インド会社の独占権を批判していたことはよく知られている。こうした背景のもとで、インド・中国間の海上ルートの中間に位置する東南アジアにもイギリス人のカントリー・トレーダーが進出していった。ラッフルズが東南アジアに赴いたのはこのような時代だったのである。

▼**シティの金融資本家**　産業化とともに地方の地主・名望家層(ジェントルマン)は農業から不動産・金融業へと移行し、ロンドンの金融街シティに進出した。議会に影響力を持つ金融資本家層のイギリスの海外進出への影響を強調する見解を「ジェントルマン資本主義」という。

②—自由な世界を求めて—ペナン、ジャワ、スマトラ

東南アジアとの出会い——最初の赴任地・ペナン

一八〇五年、アジアに赴いたラッフルズの任地は、東南アジアのペナン島であった。東インド会社は、インドから中国へ向かう海上ルートの中継点として、マラッカ海峡のベンガル湾側の入り口に位置するペナン島に注目した。そこで、ペナンを独立した管区▲に昇格させて行政を整備するため、ラッフルズを書記に昇進させて派遣したのである。

ペナンに着任したラッフルズは、持ち前の勤勉さを発揮し、現地のマレー語やマレー人の文化の習得に励んだ。書記としての任務に加えて、マレー語の翻訳にも力を発揮し、行政に欠かせない存在となった。ペナンでは東洋学者のライデン▲と知り合って意気投合し、ともにマレー人の法律・慣習の研究をおこなった。ラッフルズによるマレー民族についての研究は、一八一六年に王立アジア協会▲の雑誌に発表された。彼のマレー文化に関する知識とマレー人に対する愛情は、ペナンでの勤務のなかで育まれたといえる。

▼管区　イギリスがインドにおいたベンガル、ボンベイ、マドラスの三つの商館の管轄範囲は管区と呼ばれた。管区には知事がおかれ、英領インドの行政の単位となった。

▼J・ライデン（一七七五〜一八一一）スコットランド生まれ。一八〇三年にインドに赴き、東南アジアにわたってアジアの言語や文化の研究に従事した。マレー語年代記『スジャラ・ムラユ』（七六頁用語解説参照）の英訳者として知られる。

▼王立アジア協会　一八二三年に設立されたアジア研究のためのイギリスの学術団体。三四年から機関誌が発行されるなど、イギリスのアジア地域に関する研究の中核となった。

ペナンは、東南アジアにおけるイギリスの最初の植民地であった。一七八六年にペナンを獲得したフランシス・ライトは海軍軍人であったが、退役後に商人へと転身し、カントリー・トレーダーとなった。その頃、カントリー・トレーダーたちは、イギリスの東南アジア進出の先兵となり、各地の交易に積極的に進出していた。例えば、現在のフィリピン南部のスールー海▲は、中国に近く、オランダの勢力圏外であることから、イギリス人商人が集結して交易の中心となった。

ライトは、プーケット島▲(現在のタイ南部)を拠点に活動していた。しかし、オランダの勢力が優勢であった当時の東南アジア海域では、寄港のたびに課税されるなど、イギリス船の交易活動は制限されていた。インド洋でのフランスとの抗争も激しさを増していた。インド・中国間の中継拠点を求めていたライトは、プーケットの南のペナンに目をつけた。

ペナンを当時支配していたのは、マレー王権のクダであった。周辺のマレー半島の小王権と同じく、クダはシャム(タイ)に服属していたが、シャムの支配は名目的で、独立性は確保されていた。しかし、十八世紀後半にコンバウン朝▲

▼スールー海　フィリピン諸島南部とボルネオ島の境界の海域で、イスラーム王権のスールー王国が支配していた。十八世紀後半に中国貿易の拠点となり、多くの商人を集めた。

▼プーケット島　ジャンク・セイロンとも呼ばれ、古くからインド洋の交易の拠点であった。十八世紀末に進出したビルマの度重なる攻撃を受け、港市は破壊された。

▼コンバウン朝　一七五二年にアラウンパヤーにより建国されたビルマ人の王朝。十八世紀末以降ビルマ平原を越えて急速に勢力を拡大したが、その結果ベンガルのイギリス東インド会社と衝突した。十九世紀の三度の戦争の末、ビルマはイギリスの植民地となった(一八八六年)。

▼**インド法**（一七八四年）　正式名称は東インド会社法。制定した首相の名前からピットのインド法といわれる。会社は高官の人事権や経営の監督権を握られ、本国政府に従属していった。

ビルマが南下してきたことで、マレー半島はシャムとビルマの紛争の舞台となった。シャムはこの地域への支配を強めるようになり、クダなどのマレー王権はビルマとシャム両国の軍事的な圧力を受けることになった。そこで、ライトは、イギリス東インド会社の海軍力による保護と金銭の支払いと引き換えに、クダのスルタンにペナン島の割譲を迫ったのである。

ただし、このエピソードには裏がある。東インド会社の保護は、ライトの口約束であった。領域支配の拡大とともに腐敗と混乱を極めた会社に対して、本国政府はインド法（一七八四年）▲によって管理を強めた。会社には、東南アジアの小国に軍事援助を保証する力はなかったのである。だまされたと知ったクダのスルタンは怒ったが、最終的にはまるめこまれてしまった。ライトは非正規のカントリー・トレーダーとして自由に振る舞い、会社もまた彼の立場を利用して自らの利益を確保したのである。

ライトは、当時の皇太子の称号と名前をとり、この島をプリンスオブウェールズ島、港市をジョージタウンと名付けた。当初東インド会社がペナンに求めたのは、水や食料の補給や船の整備や造船のための木材の供給であったが、造

ペナン島のコーンウォリス要塞跡に立つフランシス・ライト像

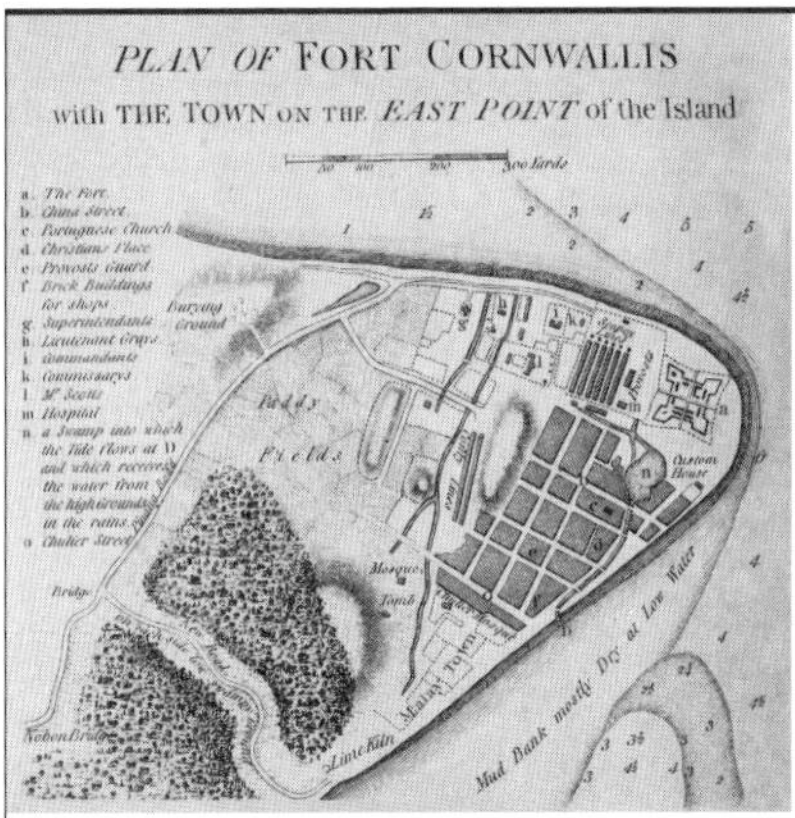

コーンウォリス要塞地図

コーンウォリス要塞の大砲跡

ペナン島を描いた絵画

▼**ナポレオン戦争**　フランスのナポレオン(一世)時代におこなわれた戦争。イギリスなどは対仏大同盟を結成し、数次にわたる戦いがおこなわれたが、一八一五年のワーテルローの戦いとナポレオンの退位により終了した。

▼**バターフ共和国**(一七九五〜一八〇六年)　フランス革命の影響でオランダに成立した共和国。国名は古代のオランダ地方に定住した民族名に由来する(バタヴィアも同様)。ナポレオンが占領し、弟ルイをオランダ王につけたため消滅した。

船業については期待されたほどの発展はみられなかった。しかし、中心都市ジョージタウンにはインドや中国からの移民が集まり、新たな中継交易の拠点として発展していった。

イギリスの東南アジア進出を主導したのは、自由な交易を求めるライトのような民間商人であった。この時代の主役は国家ではなく個人であり、冒険商人たちの活躍が歴史を動かした。後述するラッフルズのシンガポール獲得(第三章参照)も、こうした流れのなかで理解する必要がある。ラッフルズは、カントリー・トレーダーが拠点として築いたペナンに赴任し、その経験を糧に自由貿易の流れをさらに加速させていくのである。

ナポレオン戦争とマラッカ、ジャワ遠征

十八世紀末、ヨーロッパで起こったフランス革命とナポレオン戦争▲は、アジアにも大きな影響を与えた。オランダはフランスに占領され、国家元首にあたる総督はイギリスに亡命し、一七九五年に共和派によりバターフ共和国▲が建設された。のちにナポレオンがフランス皇帝となると、一八〇六年に弟をオラン

ダ国王に据えた。オランダがフランスの影響下におかれたことで、アジア海域においてイギリスとオランダは戦争状態となった。一八〇八年に日本で起こったフェートン号事件▲は、この英蘭の対立の余波である。

オランダを支配下においたナポレオンは、一七九九年に赤字が続いていたオランダ東インド会社を解散させた。一八〇七年、ジャワには共和派のダーンデルス▲が総督として派遣された。フランス革命の礼賛者であったダーンデルスは、中央集権的な統治機構を構築してジャワ人首長への統制を強めるとともに、イギリスに対抗するために要塞や道路の建設を進めてジャワの防衛体制づくりを急いだ。しかし、莫大な費用や強引な動員に対して不満が高まり、一八一〇年にナポレオンはダーンデルスを召還した。

一方、イギリス東インド会社は、インドおよびインド洋におけるフランスの拠点を攻撃するとともに、東・東南アジアのオランダ勢力に対して攻撃を仕掛けた。海軍による東南アジア遠征をおこない、一七九五年にオランダ領であったマラッカを占領した。ラッフルズは、病気療養のために一八〇八年にマラッカを訪れ、のちに彼のマレー語通訳を務めるアブドゥッラー（第四章参照）と知

▼フェートン号事件　オランダ船を追ったイギリス船（フェートン号）が長崎港に侵入した事件。幕府内では、これを機に海防政策の議論が高まった。

▼H・ダーンデルス（一七六二～一八一八）　オランダ軍人。フランス革命軍のオランダ侵入に協力してナポレオンに認められ、オランダ領東インド総督に任命された。

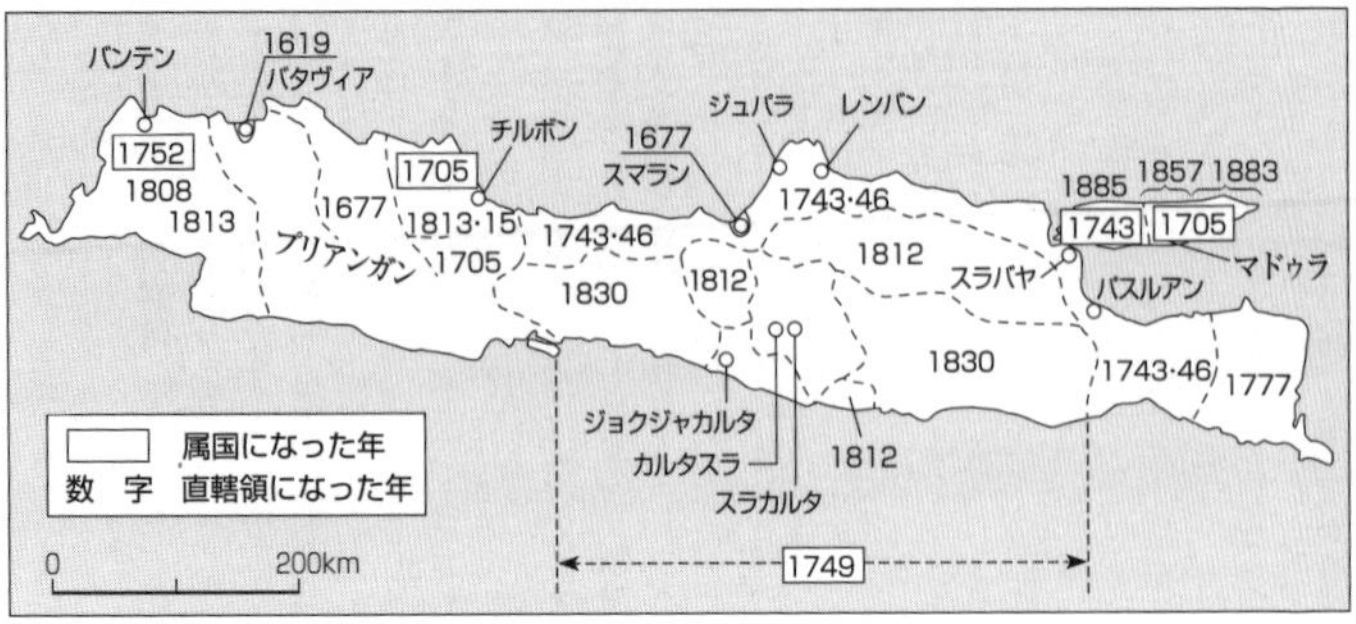

オランダによるジャワ島の植民地化

り合った。ただし、至近距離のペナン島を開発途中ということもあり、会社はマラッカ領有に消極的で、かえってポルトガル時代に建設された要塞を破壊しようとした。これにはラッフルズが強硬に反対し、それを止めさせた。

さらにイギリスは、東南アジアにおけるオランダの本拠地ジャワ島への遠征を計画した。オランダは、十八世紀を通じてジャワ島の支配を拡大した。十七世紀前半にはジャワ島中東部でマタラム王国▲が急拡大し、一時バタヴィアを脅かす勢いを示したが、マタラムが衰えをみせると王家の継承争いに介入し、領土を切り取っていった。ジャワ島の大部分を支配下においたオランダは、コーヒー、サトウキビといった商品作物の栽培を広げ、土地開発を通じて領域支配の基盤を固めていった。

イギリスのジャワ遠征の陰の立役者はラッフルズであった。東南アジア海域におけるオランダの優位を崩そうと狙っていたラッフルズは、マラッカ滞在中に周辺地域の情報を収集し、近隣の諸王権と友好関係を築いた。一八一〇年、ラッフルズはペナンからインドにおけるイギリス東インド会社の拠点都市カルカッタ(現地語ではコルカタ)を訪ね、会社のベンガル総督ミントー▲に対して、ジャワの占領を献策した。

　ミントーはラッフルズの意見に賛成し、遠征隊を組織した。そして、遠征隊が海戦に勝利してジャワを占領すると、ラッフルズを副知事に任命した。副知事は、ジャワでは最高位の行政職であり、統治の責任者であった。

自由主義の基本方針

　ラッフルズは、ジャワでも各地を旅行し、徹底的な調査と情報収集をおこなった。彼ののちの著作などから、ジャワの統治にあたって、ラッフルズが東南アジアの現状ととるべき政策についてどのように考えたのかをみてみよう。

　ラッフルズは、ペナン滞在中におこなった現地の海洋法などの法律の調査から、島嶼(とうしょ)部東南アジアの広い地域において、マレー語、ジャワ語などの言語の違いを超えて共通する法や慣習が存在することを見出した。彼は、それらの法制度や文化・慣習を共有する人びととしてマレー人をとらえていた。

　しかし、マレー人は豊かな文化と伝統を持ちながら、現在は貧困にあえいでいる。これは、海域を支配したオランダが商業的利益のみを追求し、現地民を

▼マタラム王国　ジャワ中部の穀倉地帯を基盤に十六世紀末に成立したイスラーム王権。十七世紀前半アグン王の治世にはジャワの大部分を支配しバタヴィアを攻撃(一六二八、二九年)したが、十八世紀にはオランダの侵食を許し、最終的に分裂してジョクジャカルタ、スラカルタの王侯領を名目的に支配するのみとなった。

▼ミントー伯爵(一七五一〜一八一四)　本国の議員を経てベンガル総督に就任。ナポレオン戦争に際して、フランス領モーリシャス、ポルトガル領ゴア、オランダ領マラッカ、マルク諸島、ジャワなどを占領した。

搾取しているためである。オランダ東インド会社は、香辛料など交易品の価格を高止まりさせるため、現地の王権に独占的な供給を強要し、利益を独占した。ラッフルズは、このようにオランダの重商主義政策を批判した。

同時に、ラッフルズは海域東南アジアの諸王権を独立した国家とみなし、友好関係を結んで提携すべきと主張した。ただしこの意見は、彼の寛容さにもとづくというよりも、大きな人口を抱えるジャワをイギリスの綿製品の市場にしようとする計算にもとづいていた。おりしも、イギリスとインドの綿産業の力関係が逆転する時期であり、イギリスの綿織物がアジアに向かうタイミングであった。交易相手を搾取するのではなく、分業によって相手が豊かになれば自国の製品の買い手になり、最終的に自国の利益になる。アダム・スムスに代表される経済的な自由主義にもとづく考え方であった。

ラッフルズはその後も一貫してオランダを批判した。これは、英蘭両国のライバル関係という点からも説明できる。しかし、東インド会社の重商主義に対して、ラッフルズの自由主義という当時の考え方の対立も大きかった。ラッフルズは前者から後者へと時代を転換させる役割を果たしたのである。

▼**H・ドゥーフ**　一八〇三〜一七年に出島のオランダ商館長(カピタン)を務めた。オランダ本国が占領されるなか、異例の長期間にわたって職務を全うした。

ジャワ統治時代、ラッフルズは、日本との貿易も画策した。オランダ本国が占領されたことで、アジア各地のオランダ商館は、本国から取り残されるかたちとなっていた。ラッフルズは、中国・日本といった東アジア諸国の潜在的な経済力に注目し、日本を「開国」させる構想を持っていた。このため、バタヴィアから長崎に船を派遣し、通商を進めようとしたのである。

しかし、ラッフルズからの書状を受け取り、バタヴィアからの使節がイギリス勢力であることを知った長崎のオランダ商館長ドゥーフ▲は、イギリス船であることを江戸幕府には告げなかった。そして、その後も商館長の交代を頑としてて拒絶し、自らとオランダの立場を守り続けた。その後ジャワがオランダに返還されたことで、ラッフルズによる日本との関係構築の試みは水泡に帰した。実際の日本の開国から四〇年ほど前のことであった。

ジャワでの土地改革

ラッフルズのジャワ統治の主眼は土地制度改革であった。ジャワが農業社会であり、土地改革こそがこの地で最も重要な課題と考えたためである。

ジャワ島は、現在およそ二億五千万の人口を抱える大国インドネシアのなかでも約半数の人口が集中する島であり、島嶼部東南アジアのなかでは例外的に人口密度が高い。特に島の中東部は肥沃な火山灰土壌であり、農業生産力が高かった。

ラッフルズは、ジャワの農村社会は特権的な封建領主に支配されているとみなしていた。領主は労役の徴発権を持っており、自らの利益のために農民を動員できた。ラッフルズによれば、農民は土地の所有権が保証されておらず、領主の恣意的な搾取に苦しめられている。オランダは領主と結託し、この社会構造を利用して統治している。オランダは領主に前金を払い、商品作物を供出させた。領主は農民を働かせて栽培した作物を納入した。この制度のもとでは、農民は資本を蓄積できない。

そこでラッフルズは、領主など中間層を排除し、耕作者を直接統治する制度に移行させようとした。強制労働を廃止し、負担は地税に一本化して政府が直接徴収する制度の導入をめざしたのである。当初は村落単位で村長から税を取ろうとしたが、すぐに個々の耕作者から徴税する制度へと変更した。商品作物の強制的な供出も廃止し、栽培を自由化した。自由主義の思想にもとづけば、領主の農民に対する強制的な徴用が自由な経済活動を阻害している。それを取り除けば、農民の福祉向上みならず、農業生産の増加にもつながるはずであった。

これは、ラッフルズ独自の発想というわけではなく、ヨーロッパ全体の潮流でもあった。封建領主層の特権の廃止▲は、フランス革命でも強調された点である。実際、ラッフルズの前にジャワ統治の指揮を執ったダーンデルスも、十分に成果をあげられなかったものの、同様の考え方にもとづいて商品作物の強制的な供出の廃止をめざした。政治的には対立した両者だが、統治の方向性は大きく違っていなかったのである。

イギリス東インド会社の本拠地であるインド統治においても、土地制度の変革が試みられていた。ベンガル管区では一七九三年に領主層に徴税を委託するザミンダーリー制度▲が導入され、その後南インドのマドラス管区では耕作者から直接徴税するライヤットワーリー制度▲が試みられた。ラッフルズは南インドの制度を知らなかったが、同じ着想のもとで似たような制度を導入しようとし

▼封建領主層の特権の廃止　フランス革命の過程で、封建領主の地代徴収権などが廃止され、従来の領主・農奴の身分関係が崩れて農民に土地所有権が認められていった。

▼ザミンダーリー制度　領主層に土地所有権を認めてザミンダールと呼ばれる徴税請負人に選定し、地税を納入させる制度。ただし、過重な負担から旧来の領主層の多くが没落したとされる。

▼ライヤットワーリー制度　耕作者（ライヤット）に土地保有権を認定し、地租の納入義務を負わせる制度。ザミンダーリー制の失敗が指摘されるなか、南インドのマドラス管区で導入された。

たのである。国家権力による徴税権の強化・一本化は、世界的な潮流であった。

ただし、ラッフルズの土地改革は、十分な成果をあげることができなかった。要因の一つは、改革が短期間で終了したことである。ナポレオン戦争がイギリスの勝利に終わると、イギリスが占領したジャワやマラッカはオランダに返還されることになり、統治自体が終わりを告げた。

ただし、それ以外にも改革が機能しなかった要因がいくつか指摘される。第一に、税額査定の困難さである。耕作者から直接徴税するためには、政府が土地の区画ごとに税額を査定する必要がある。しかし、これは手間がかかる。不正確な査定により土地の価値が過大に見積もられると重税となってしまう。第二に、土地保有権の認定も難題であった。前近代の土地保有権は、現在のように個人に帰属するものではなく、村落により共有されていることも多かった。耕作者個人に納税義務を負わせる制度は、従来の村落社会を無視したものになりかねない。第三に、地税の金納は、貨幣経済が浸透していない農村の耕作者にとって重い負担であった。耕作者は納税のために借金をする必要があり、ジャワの農村には高利貸しが跋扈（ばっこ）したともいわれる。

ラッフルズは、ヨーロッパの感覚で独立した自作農を創出しようとしたが、ジャワ社会の実情とはかけ離れたものであった。この理想と現実のギャップは、ラッフルズがおこなった改革につきまとう問題であった。

一時帰国からスマトラへ

ラッフルズはジャワ返還に反対したが、聞き入れられず、返還の半年ほど前に副知事の職を解かれた。更迭されたラッフルズは、一八一六年にジャワからイギリスへ帰国することになった。当地でオリヴィア夫人▲を亡くし、ラッフルズ自身も体調を崩してしまい、医師から帰国を勧められたためである。

帰国の途中、ラッフルズは大西洋のセント・ヘレナ島にて、当地に流罪となっていたナポレオンと面会した。これはラッフルズが強く希望したものといわれる。ラッフルズはナポレオンを尊敬しており、和気あいあいとした会見となったという。

イギリスに帰国したラッフルズは、一八一七年に『ジャワ誌』を出版した。彼のジャワ時代の経験を詰め込んだ大著であった。この内容については第四章

▼**オリヴィア夫人**（一七七一〜一八一四）　インド生まれ。最初の夫と死別したのち、一八〇五年にロンドンでラッフルズと結婚した。ラッフルズとともに東南アジアに赴いたが、ジャワで病死した。

で詳しく述べるが、当時のイギリスでこの書は高く評価され、広くその名が知られるようになった。同年、彼はナイト▲の爵位を授与された。

ラッフルズは、その後ヨーロッパ大陸各地を旅行し、フランスでは革命後の農村を視察した。彼が知人に送った手紙では、封建的な労役から解放され、土地への権利を手に入れたフランスの農民を称賛している。イギリス・フランスという国同士の関係とは別に、ラッフルズはフランス革命の自由主義思想に共感していたことがうかがえる。

イギリスにもどったラッフルズは、東インド会社からスマトラ島のベンクーレン(現地語ではブンクル)の副知事に任命された。ラッフルズは、ロンドンでソフィアと再婚し、一八一八年に再び東南アジアへ赴くことになった。彼は、シンガポールの獲得(一八一九年)後も、一八二四年の帰国まで、職位としてはベンクーレンの副知事のままであった。

ベンクーレンには、スマトラ島唯一のイギリスの拠点があった。しかし、マラッカ海峡とは反対側の西海岸であり、あまり重要な拠点ではなかった。ただ、彼はこの地の経済振興をめざし、主産品である胡椒の強制栽培を廃止して自由

▼ナイト　騎士に由来する称号で、イギリスでは国王から叙任される。「サー」の敬称が付されるが、一代限りで世襲されず、貴族身分とはみなされない。

ベンクーレン(ブンクル)**におけるイギリスのマールボロ要塞**

化したり、組織的な植民制度を提唱してヨーロッパ人の資本と華人の労働者を導入しようとしたりした。

ベンクーレンへの赴任は、ラッフルズにとって、その後のシンガポール建設に向けて重要な契機となった。スマトラは、農業社会のジャワとは異なり、典型的な熱帯雨林帯の小人口の商業社会であった。長年交流のあった東洋学者の大先輩マースデン▲の『スマトラ誌』からも海域世界についての知見を深めたラッフルズは、東南アジアにおける自由貿易の拠点の建設のため、シンガポールという新しい実験場を見出すのである。

▼**W・マースデン**（一七五六〜一八三六）　アイルランド生まれ。ブンクルに駐在して現地の言語や社会を研究し、帰国後に『スマトラ誌』（一七八三年）を著した。英語・マレー語辞書の編纂者としても知られる。

③—近代都市シンガポールの建設

ベンクーレンに赴任したラッフルズが一八一九年に獲得したのがシンガポール島である。シンガポールは、その後第二次世界大戦で日本軍の占領下におかれるまで、政治・経済・軍事すべての面において、イギリスの東南アジアにおける根拠地となった。

シンガポール島

シンガポール島は、古くはテマセクと呼ばれていた。十四世紀の漢籍資料『島夷誌略』▲やジャワ語年代記『ナガラクルタガマ』▲にもその名が登場する。マレー語年代記『スジャラ・ムラユ』(七六頁用語解説参照)によれば、パレンバンの王族がテマセクに上陸し、ライオンを目撃してこの地を「シンガプーラ(サンスクリット語で獅子の街)」と名付け、スリ・トリ・ブアナ(三界の王)と名乗ったという。マラッカ王国に関するポルトガル人トメ・ピレスの記録でも、建国者パラメスワラはパレンバンからシンガプーラ経由でマラッカに上陸したとされている。マレー語で「禁断の丘」と呼ばれたフォート・カニング周辺の

▼**『島夷誌略』**　元代に成立した汪大淵による東南アジアに関する地理書。「単馬錫」(テマセク)には中国人も住んでいると記されている。

▼**『ナガラクルタガマ』**(デーシャワルナナ)　一三六五年に成立した叙事詩。ジャワのマジャパヒト王国が現在の東南アジア海域の島々を支配したことが描かれている。

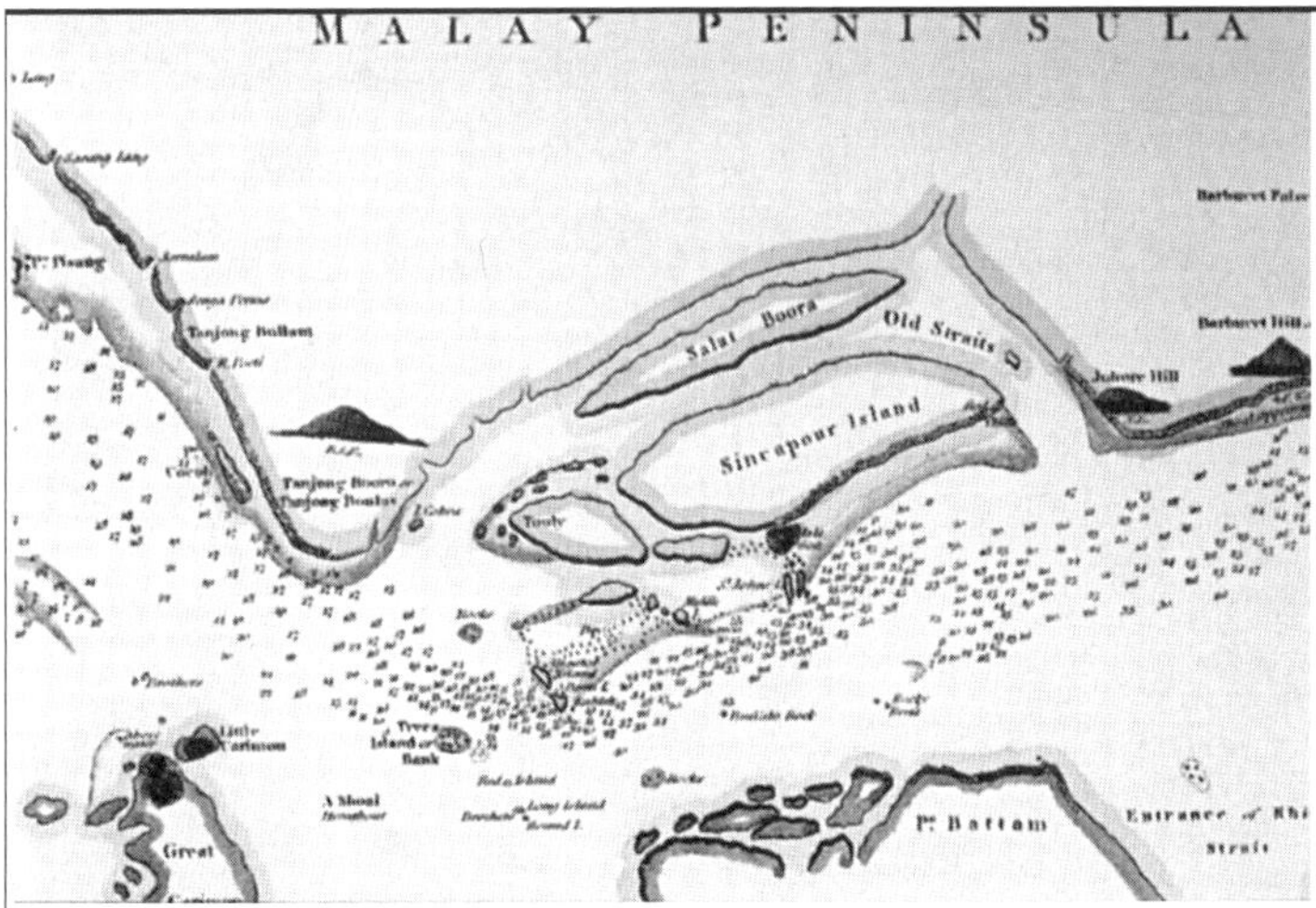

●——**シンガポールの地図**（一八〇六年）

●——**フォート・カニング**　丘にはイギリスにより要塞が築かれ、現在は跡地が公園となっている。

考古学調査からも、十四世紀にはシンガプーラが周辺海域の拠点となる港市として発展していたことがうかがえる。

しかし、シンガプーラは、マラッカを占領したポルトガルにより破壊された。その後のマレー・イスラーム世界のなかで、シンガポールは港市としてあまり目立たなかった。強力な王権が不在のなか、この海域は海賊の根拠地として知られていた。マレー半島とシンガポールを隔てるシンガポール海峡は航海の難所であり、海上民オラン・ラウト▲が自由に動き回った。彼らは、マラッカなどの王権と結んで海軍力を提供する一方で、王権の統制が弱まると海賊として力で交易を支配した。

十九世紀初頭、シンガポール一帯の海域を支配していたのは、ジョホール王国▲であった。ジョホールは、一五二八年にポルトガルのマラッカ占領によりマラッカから逃れた王族が建国した、マラッカの後継ともいうべきマレー王権であった。経済的にも、十七世紀に胡椒の輸出で繁栄し、新興勢力のオランダと同盟して、マラッカを抑えるポルトガルやスマトラのアチェに対抗した。しかし、一六九九年に家臣による王の暗殺により王家の血統が途絶え、混乱に陥っ

▼オラン・ラウト　マレー語で「海の民」を意味する水上生活者。マラッカ海峡周辺の海上民はオラン・スラット（海峡の民）とも呼ばれた。漁業から海賊まで、海に関わる幅広い生業をこなした。

▼ジョホール王国　マレー半島南端・ジョホール川河口に位置した港市国家。現在のシンガポールの対岸のジョホールバルは、シンガポールの建設後に発展した新しい都市である（バルは「新しい」の意味）。

た。

　十八世紀になると、スラウェシ島からブギス人が大挙してマラッカ海峡に流入してきた。ブギス人は、航海術に長(た)け、武勇に優れることで知られるスラウェシ南部の海の民である。十七世紀後半、海洋進出を進めたオランダは、香辛料交易の拠点となっていたスラウェシ島マカッサルに進出しようとして激しい抵抗を受け、マカッサル戦争▲へと発展した。戦争の余波やその前後の現地勢力間の内紛のため、多くのブギス人が新天地を求めてスラウェシを離れ、移動してきたのである。

　一七二二年、内紛状態にあったジョホールのマレー王権はブギス人と盟約を結び、ブギス人首長を副王とした。ブギス人の傭兵としての軍事力は欠かせなかったためである。王権は、王位をマレー人、副王位をブギス人が代々継承する二重王権となった。王権の中心がブギス人が拠点としたリアウ諸島に移ったことから、ジョホール・リアウ王国とも呼ばれる。

　十八世紀のマレー・イスラーム世界には、ブギス人のネットワークが広がった。ブギス人は、名目上は副王であったが、その海軍力により実権を握り、海

▼**マカッサル戦争**（一六六六〜六九年）　マカッサルのボネ王国は、スルタン・ハサヌディンの治世にマルク諸島の香辛料の集散地として繁栄した。オランダは香辛料の独占供給を要求したが、ハサヌディンは拒否して戦争となり、激しい戦闘の末にオランダがマカッサルを占領した。

峡の交易を支配した。リアウ諸島の中心ビンタン島は、ヨーロッパ人や華人商人も集めて繁栄した。リアウのブギス人副王家の一族はマレー半島にわたり、一七七六年にスランゴル(現在のマレーシアの首都クアラルンプル周辺)に王権を建てるなど、大きな勢力となった。一七八四年には副王ラジャ・ハジ▲のもとでオランダ領マラッカを攻撃するなど脅威を与えたが、失敗してラジャ・ハジは戦死し、逆にオランダがリアウを占領した。リアウは衰退して交易は分散したが、その後も王権とマレー・イスラーム文化の中心ではあり続けた。ビンタン島の沖合の小島プニュンガットには、モスクや著述家として名高いラジャ・アリ・ハジ▲の墓などが残されている。

ラッフルズがベンクーレンに駐在した頃、ジョホール王家は、一八一二年に死去したスルタン・マフムドの後継問題で揺れていた。マフムドにはフセイン(トゥンク・ロン)とアブドゥルラーマンという異母兄弟がおり、マフムドは後継者を決める前に亡くなったのである。

マレー王権は後継者争いが起こりやすい。人口が少なく、親族関係が流動的な東南アジア全般にいえることだが、長子相続のような確固たる王位継承の原

▼ラジャ・ハジ(一七二七〜八四)　ジョホール・リアウのブギス人王家の出身。第四代の副王としてリアウを攻撃したオランダに反撃し、マラッカを包囲するが、そこで敗れて戦死した。

▼ラジャ・アリ・ハジ(一八〇八〜七三)　ブギス人副王の家系出身で、ラジャ・ハジの孫。マレー語辞書の編纂、文学作品の著述など、文化活動の担い手として知られる。

●—プニュンガット島のモスク

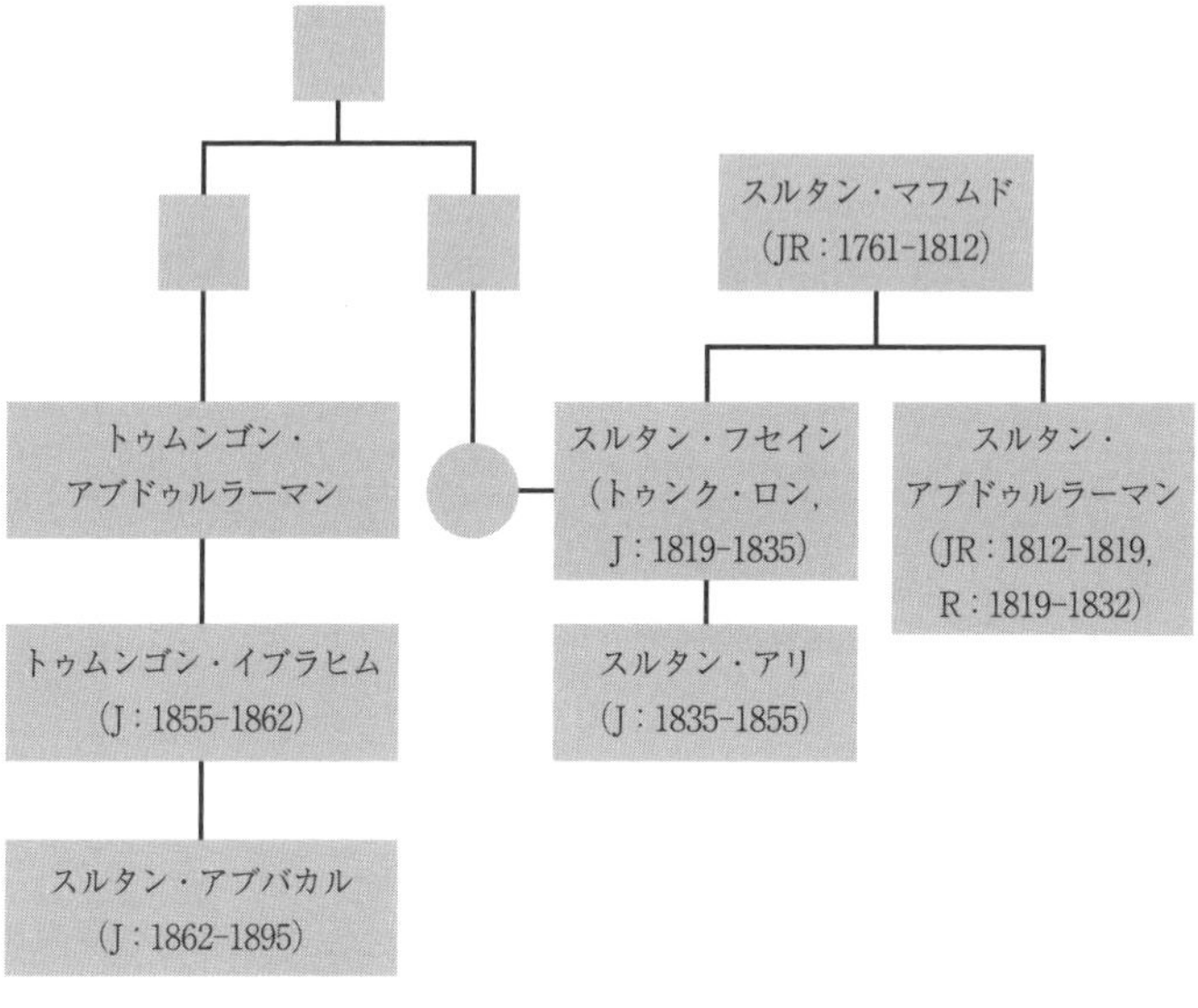

出典：R.O.Winstedt, *History of Johore*（1992, MBRAS Reprint）より作成

●—ジョホール・リアウ王家の系図　括弧内は王の在位期間（JRはジョホール・リアウ、Rはリアウ・リンガ、Jはジョホール）。

▼**ヘイスティングス侯爵**（一七五四〜一八二六）　陸軍軍人を経て一八一三年インド総督に就任。グルカ戦争、マラータ戦争など、インドにおいて戦争による領土拡張を進めた総督として知られる。

則が確立しておらず、兄弟間の序列が曖昧なためである。母の出自は大きな要素であるが、このジョホールのケースでは大きな差がなかった。

この後継者争いは、宮廷内の合議により、ブギス人副王の支持をえた弟のアブドゥルラーマンが勝利し、フセインはシンガポールに近いリアウ諸島のブラン島に隠居した。そんななか、リアウにはオランダとイギリスが迫ってきていた。オランダは、イギリスより一足先にブギス人副王と条約を結び、リアウに進出した。

ラッフルズのシンガポール獲得

ベンクーレンに駐在したラッフルズは、東南アジア海域におけるオランダとの競争のなかで積極的に動いた。一八一八年にはカルカッタに赴き、インド総督ヘイスティングス▲との会談のなかで、マラッカ海峡における根拠地の建設を提言した。その候補地としては、スマトラ島北端のアチェやリアウ諸島が考えられた。しかし、先ほど述べたように、リアウにはオランダがすでに手を伸ばしていた。そこで、東インド会社はラッフルズに調査を命じたが、彼が目をつけたのがマレー半島の南端、マラッカ海峡の南シナ海側の入口に位置するシンガポール島であった。

シンガポール島は、ジョホール王家の傍流で、「トゥムングン」の称号を持つアブドゥルラーマン（前出のアブドゥルラーマンとは別人）が支配していた。彼は、王位継承争いに敗れたフセインと縁戚関係にあった。ラッフルズは、シンガポール島獲得のため、隠居状態であったフセインをシンガポールに呼んでジョホール王権のスルタン・フセインとして擁立した。そのうえで、フセインからシンガポール島を手に入れようとしたのである。

結果として、ジョホール王権は、イギリスが支援するフセイン（ジョホール）とオランダが支援するアブドゥルラーマン（リアウ・リンガ▲）という二人の王が並立し、分裂することとなった。ジョホール王権は、その後トゥムングンの家系に王位が移ったが、イギリスの植民地統治を経て、現在のマレーシアのジョホール州の王家として生き残っている。一方、リアウ・リンガ王権は、一九一一年にオランダによって廃絶された。

今日からみれば、ラッフルズによる新スルタンの擁立の正統性には疑問が残

▼**リアウ・リンガ**　この頃王権の中心はリアウ諸島の南方のリンガ諸島に移っていたため、一八二四年以降の王権をリアウ・リンガと呼ぶ。

る。王権の有力者の合議による王の選出を無視するものであったからである。もちろん、オランダは新スルタンを認めなかったし、イギリス東インド会社内部からも批判があがった。会社の中央は、ヨーロッパの戦争終結から間もない時期でのアジア海域におけるオランダとの衝突を懸念し、ラッフルズの計画には冷淡であった。しかし、ラッフルズと彼を支援したヘイスティングスは、意志を変えなかった。

この問題をめぐってヨーロッパでおこなわれた英蘭間の交渉は、オランダがイギリスのシンガポール獲得を認めることで、最終的な妥結にいたった。一八二四年に結ばれた英蘭協約(ロンドン条約)により、両国はマラッカ海峡を境界として勢力圏をすみわけた。マレー半島はイギリス、スマトラ島はオランダの勢力圏として、オランダ領であったマラッカとイギリス領であったベンクーレンを交換した。そのうえで、自由な通商を保証しつつ、相互の勢力圏には手を出さないことを定めた。これを受けて、イギリスは、ペナン、シンガポール、マラッカの三つの港を一八二六年に海峡植民地とした。

英蘭協約が後世に与えた影響は大きかった。これにより、東南アジア海域の中心であったマラッカ海峡に線が引かれた。これはのちのイギリス領マラヤとオランダ領東インドの境界となり、現在のマレーシア・シンガポールとインドネシアの国境となった。この条約は、それまで一体であったマレー・イスラーム世界が植民地に分割される予兆となった。

植民地シンガポールの形成は、ラッフルズの独断によるところが大きかった。彼がシンガポール獲得を進言した際、ライバルの出現を恐れるペナンやオランダとの対立を恐れるイギリス東インド会社中央の反応は否定的であった。ラッフルズは、東インド会社からの十分な支援がえられないままシンガポールを獲得し、自力で建設を開始した。現場の商人や行政官個人が主導し、無関心または消極的な中央をひきずっていくかたちの対外進出は、先述のライトのペナン島獲得やブルック▲によるボルネオ・サラワク王国の樹立（一八四一年）の例もある。十八世紀末から十九世紀前半の自由主義の時代の一つのかたちといえるだろう。

▼**J・ブルック**（一八〇三～六八）　シンガポールを拠点とした商人だったが、訪問先のボルネオ島サラワクで現地の反乱を鎮圧したことで、サラワクを支配していたブルネイのスルタンからサラワク王に任命された。サラワク王国は、ブルック家三代に継承され、第二次世界大戦まで続いた。

植民地化とマレー王権

次に、ラッフルズによるシンガポール島の獲得の具体的なプロセスをみてみよう。植民地化というと戦争や軍事力による占領によるというイメージを持たれがちであるが、シンガポールの場合は、一連の条約、取り決めの結果であった。

一八一九年二月、ラッフルズはシンガポールに上陸するにあたり、トゥムングンとの間に予備協定を締結し、トゥムングンへの保護と金銭の支払いと引き換えにシンガポールに商館を建設する許可をえた。そのうえで、新たに擁立したスルタン・フセインとトゥムングンとの間に条約を締結した。この段階でイギリスが獲得した権利は、商館とそれに属する人びととの司法権にとどまっており、現地人の司法権は両者の協議によるとされた。この時点では、シンガポール島の領有権までは獲得できていなかったのである。ラッフルズは、部下のファークアー▲をシンガポール商館の理事官に任命し、行政責任者とした。

一八一九年五月には、スルタン、トゥムングン、ラッフルズ、ファークアーの四者による取り決めが結ばれた。そこでは、商館を中心としたイギリスの管

▼**W・ファークアー**(一七七四〜一八三九) 東インド会社社員で、一七九五年のマラッカ遠征に帯同、マラッカ駐在の経験を買われてシンガポール理事官となった。実質的なシンガポールの行政責任者として手腕を発揮したが、奴隷売買(八六頁参照)などで宥和的な態度をとったとしてラッフルズの怒りを買い解任されるが、その後もラッフルズの批判を続けた。

轄範囲が具体的に定められ、司法権は集落(カンポン)ごとの首長に与えられることが定められた。

ラッフルズは、その後しばらくベンクーレンに戻っていたが、一八二二年に再びシンガポールを訪れた。英蘭交渉の妥結を受けて、一八二三年にラッフルズはスルタン、トゥムングンと新たな取り決めを結んだ。そこでは、支払う金銭の増額と引き換えに、二人の居住地以外のシンガポール島の行政権(徴税権)を獲得した。ここで、イギリスはシンガポール島の領有権をほぼ獲得したのである。ラッフルズは、対立したファークアーを解任し、後任の理事官にクロファードを任命した。翌一八二四年、ラッフルズの帰国後、クロファードとスルタン、トゥムングンとの間に条約が結ばれ、シンガポール島の完全な割譲、スルタンの外交権の放棄が定められた。ここに、植民地としてのシンガポールが成立したのである。

シンガポールの植民地化は、度重なる条約や協定を通じて、細かく権利が規定され、書面により明文化される過程であった。マレー王権とヨーロッパ勢力は以前からこうした交渉を常におこなっており、イギリスやオランダは現地の

▼**集落**(カンポン)　現代マレー語でカンポンは村落を指すが、もとは都市における集落を指した。マラッカやバタヴィアなど、マレー世界の港市では、民族ごとに形成された居住区をカンポンと呼んだ。

▼**J・クロファード**(一七八三〜一八六八)　東インド会社社員として、ペナン、ジャワでラッフルズと勤務をともにした。一八二一〜二二年にビルマ、シャム、ベトナムなど東南アジア諸国に外交使節として訪問したのち、翌年にシンガポール理事官となった。

諸王権とこうした条約をたびたび結んできた。条約として明文化することは、ヨーロッパ勢力同士で(イギリスがオランダに対して、またはその逆)獲得した権利を具体的に示し、それに対する干渉を防ぐという意味も大きい。植民地化とは、権利をめぐる絶えざる交渉の延長線上にあった。

一方で、スルタンにとっては、一連の協定の結果には不満であった。フセインは最終的にシンガポールにおける権限を奪われ、一八三四年にマラッカへと去ってしまう。ただし、王権は政治権力と引き換えに経済的な安定は手にした。注目されるのは、一八二三年の取り決めのなかに、イギリスは「宗教とマレー人の慣習」を尊重するという文言がみられることである。スルタンは、イギリスに対しては行政的権限を奪われたものの、イスラームや儀礼の面では権威を保ち、マレー・ムスリムの社会秩序のなかでは頂点に居続けることができた。軍事力など物理的な権力基盤が弱く、常に不安定であったマレー王権は、イギリスという外部の後ろ盾をえることで自らの生き残りを図ったともいえよう。

宗教と慣習は王権の専権事項として、それ以外の権利をイギリスが獲得する、という形式は、その後のイギリス領マラヤにおけるマレー王権との条約のひな

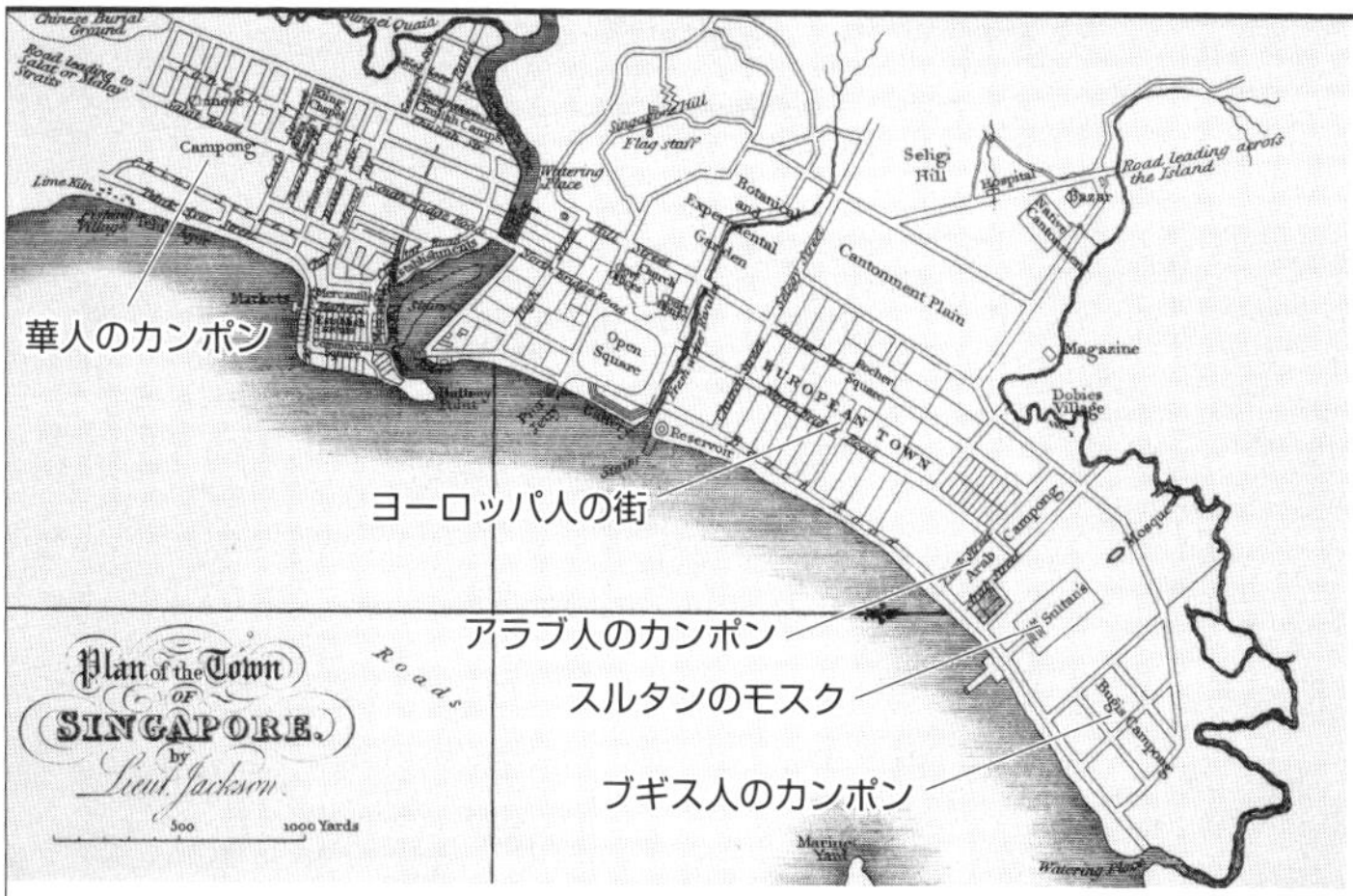

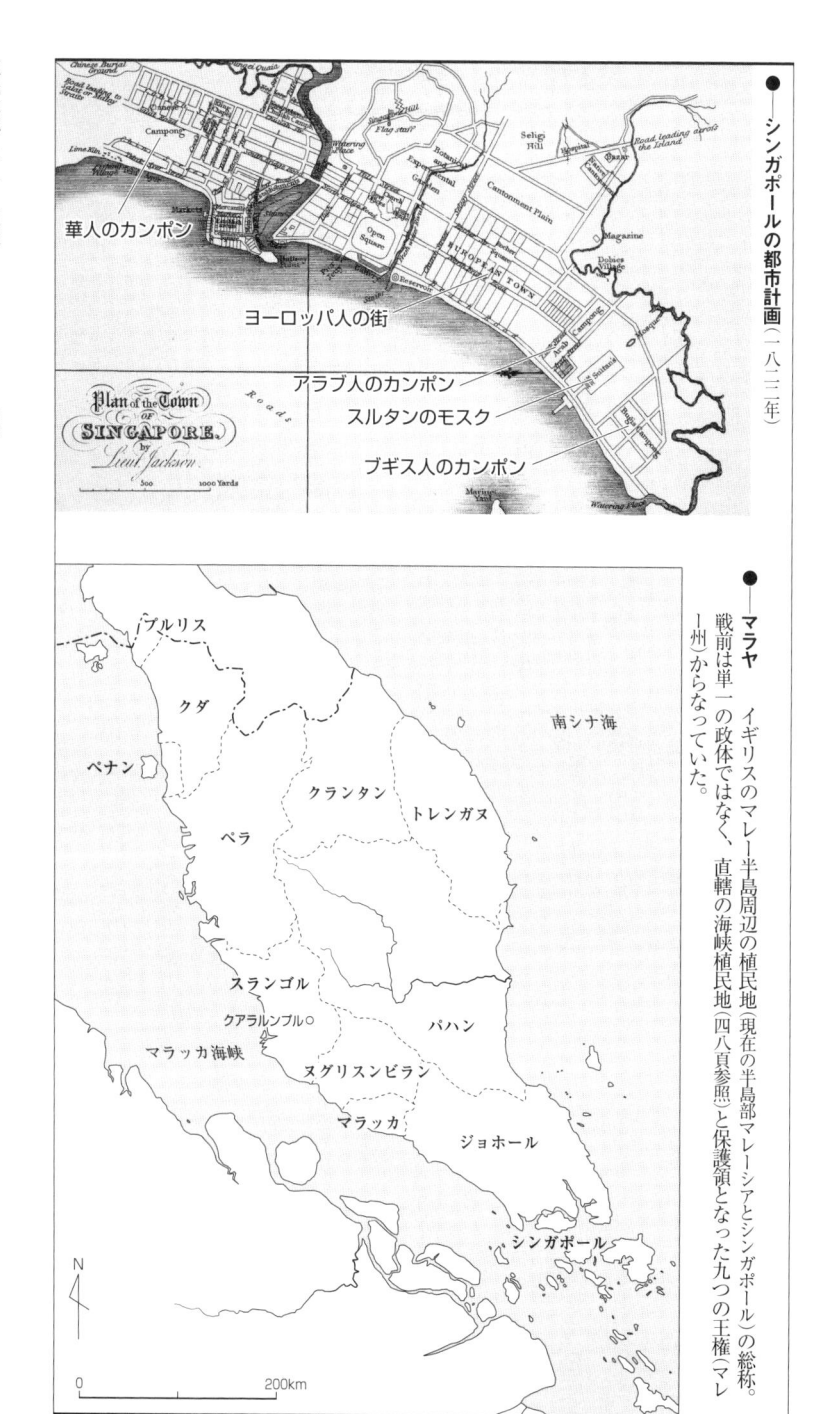

●—シンガポールの都市計画（一八二三年）

●—マラヤ　イギリスのマレー半島周辺の植民地（現在の半島部マレーシアとシンガポール）の総称。戦前は単一の政体ではなく、直轄の海峡植民地（四八頁参照）と保護領となった九つの王権（マレー州）からなっていた。

型となった。一八七四年以降、イギリスは海峡植民地を拠点に後背地のマレー半島におけるジョホールを含む九つのマレー王権を順次植民地化していったが、王権自体は残しておいた。王に宗教と慣習に関する権限を残しつつ、イギリス人行政官を派遣して実権を握る「間接統治」の体制がとられた。その方が現地社会の反発が抑えられ、統治のコストも安くなるためである。

このため、マレー王権はイギリスの植民地統治を生きのびた。現在のマレーシア▲には州ごとに九つの王権が存在する。州王の権力は名目的であるが、各州のイスラームの長である点は植民地時代から引き継いだ特徴である。

▼マレーシア　成立の経緯は九六頁を参照。マレーシアは連邦制の国家だが、マレー州であった半島部の九州で王権が残っており、九人の州王のなかから、五年任期の輪番制で国王が選出される。

自由港シンガポール

ラッフルズは、シンガポールを獲得した一八一九年、この地域の統治に関する覚書を東インド会社に提出した。そこで強調されたのも、自由貿易の理念であった。ラッフルズは、オランダがこの地域で貿易の独占政策をとったため、現地人の貿易活動が沈滞し、海賊が横行したと主張した。この地域における交易の促進のためには、現地人と協力しながらマラッカ海峡の安全な航行を確保することが不可欠と訴えたのである。

翌一八二〇年、ラッフルズはシンガポールを自由港とすることを宣言した。これは、関税の廃止を意味する。関税による収入を捨てても、より多くの商人を集めることで港市は繁栄すると考えたのである。これは、オランダに対抗するため、現地人との貿易で優位に立とうとする戦略でもあった。自由貿易により関税をなくすことで、バタヴィアをはじめオランダ領下の港市を利用している現地人や華人の商人を集め、シェアを奪おうとしたのである。

シンガポールの自由港宣言は、すぐに効果をあらわした。数年のうちに、リアウなど周辺地域からブギス人や華人の商人が集まっただけではなく、シャムやベトナムなど他の東南アジア、インド、中国から商船が来訪するようになったのである。開港当初は五〇〇〇人程度であったとされる人口は順調に増加した。一八四九年には五万九〇四三人、最初の人口調査(センサス)がおこなわれた一八七一年には九万七一一一人という記録がある。ラッフルズは、一八二〇年のいとこにあてた手紙のなかで、シンガポールが「東洋のエンポリウム(集散地)、誇りとなるに違いない」と書き送った。

シンガポールの発展の要因は、その地形にも求められる。十九世紀、帆船から蒸気船の時代へと移っていき、船舶も大型化した。それまで河川港が中心であった東南アジア海域に、海洋に面した水深の深い港が登場する。イギリスの東・東南アジア進出に際して建設されたペナン、シンガポール、香港といった港市はいずれも島であり、小さな漁村から急成長した。遠浅の砂浜に立地したマラッカからシンガポールへの中心の移動は、近代の到来を象徴している。

海域アジアの近代の始まり

同時に、自由港は、東南アジアの海域世界に一石を投じる政策であった。オランダは商業の独占政策をとっていたし、他の東南アジアの港市国家もまた基本的に関税収入に依存していた。さらに、当時のアジア間貿易は、多くの場合王権による管理のもとにあった。長崎の出島も、国家権力(江戸幕府)による管理貿易の一例ととらえられる。港市国家の王は外部と後背地との通商を媒介することで利益をえるため、商業に積極的に介入した。しかし、これは自由貿易の考え方とは相容れない。自由貿易の推進は、現地の王権の利益とは一致しない部分もあったのである。

結果として、自由港政策は海域アジアの交易秩序を大きく変えた。ラッフルズ以降、イギリスは交易を管理しようとする現地勢力に対しては容赦ない態度をとっていく。イギリス東インド会社は一八一三年にインド貿易の独占権、一八三三年には中国貿易の独占権を失い、交易の特権を喪失する。十九世紀前半は、まさに自由貿易への転換期にあたっていたといえよう。ラッフルズは中国との貿易も推進しようとしていたが、それには広東十三行▲といわれた中国の特権商人による独占体制の打破が必要と考えていた。これは、のちにアヘン戦争▲により実現されることになる。

自由貿易のためには、航行の安全が保障されなければならない。武力で交易に介入しようとする海賊は、交易の発展を阻害する存在とみなされる。前にも触れたように、シンガポール海峡は海賊の跋扈(ばっこ)する海域として悪名高かった。彼らはラッフルズが考える現地人の提携相手とはみなされず、逆に排除すべき存在とみられた。

ただし、当時のシンガポール海峡の海上民(オラン・ラウト)は、海賊▲という

▼広東十三行　清は、一七五七年にヨーロッパ諸国との交易を広東(現在の広州)に限定し、商人集団に外国貿易の独占権を与えた。この商人集団は広東十三行と総称される。

▼アヘン戦争(一八三九〜四二年)　清朝とイギリスのアヘンをめぐる戦争。アヘン密輸への取締まり強化を契機にイギリスが遠征軍を派遣した。敗北した清は南京条約で開国を余儀なくされた。

▼海賊　海賊とは、あくまでも権力側からみた表現である。日本においても、大名など権力側に属し、海上の警護に従事した「水軍」と取締りの対象となった「海賊」との差は紙一重であった。

▼**自由貿易帝国主義**　J・ギャラハーとR・ロビンソンが提示した概念。一八四〇～七〇年代のイギリスの海外進出について、公式の領土(植民地)の拡大を最小限にとどめる一方、自由貿易の拡大により経済圏を拡大させたことを強調した。

だけの存在ではなかった。彼らは水先案内人でも海賊でもあり、味方につければ心強い用心棒だが、敵に回せば襲ってくる。マレー王権と海上民の結びつきは強く、ジョホール王権の有力者もシンガポール周辺の海賊とつながっていた。王権は時に彼らの武力を利用しつつ、交易を管理しようとした。一方ラッフルズは、こうした勢力を王権から切り離し、排除しようとした。現地人との協力といっても、それはイギリスにとって利益となる場合のみであり、実際には現地人の秩序に干渉し、都合よく改変していったのである。

その意味で、自由貿易とは、完全な交易の自由ではなく、イギリスのもとで設定された交易のルールであった。ラッフルズのあとの時代、十九世紀中葉は自由貿易帝国主義▲の時代といわれる。イギリスは、自由貿易の理念のもと、自らの関税も下げる代わり、他国の関税も下げさせて自国製品の市場とした。軍事的な領土の拡大は最小限にとどめ、経済圏を広げることで海洋進出をおこなった。香辛料のような産地の限定された熱帯産品とは違い、綿織物のような工業製品の貿易は世界中の産地間の価格競争である。いち早く工業化を成し遂げて優位に立ったイギリスからみれば、自由貿易ほど有利なルールはない。イギリスは、その海軍力を背景に、アジア海域の秩序を自由貿易へと変えていった。この過程で、東・東南アジア諸国の「開国」が起こる。ラタナコーシン朝シャムは、一八五五年のバウリング条約▲により開国した。清朝中国も、アヘン戦争、アロー号戦争▲により開国を余儀なくされる。一八五八年の日本の開国も、イギリス主導の秩序が完成する最終段階と位置付けられる。

十九世紀は、イギリスによる自由貿易の秩序がグローバル・スタンダードとして世界中に広まり、長く自律性を保ってきた海域アジアの交易圏がその波にのまれていった。この新しい海域アジアの秩序のなかで、シンガポールは、香港とともにイギリスの東・東南アジアの支配の拠点となった。ラッフルズのシンガポール獲得は地域の秩序の転換点であり、東南アジアの近代の出発点となったのである。

都市計画と多民族社会

現在のシンガポールは「ガーデン・シティ」ともいわれ、緑豊かな美しい都市である。街の中心部には、十九世紀に建てられた植民地(コロニアル)様式と

▼バウリング条約　シャムのラーマ四世とイギリスの香港総督バウリングの間で提携された。関税自主権の喪失や領事裁判権の認可など、日米修好通商条約とほぼ同じ内容の不平等条約であった。

▼アロー(号)**戦争**(一八五六〜六〇年)　第二次アヘン戦争ともいわれる英仏と清の戦争。敗北した清は、天津条約・北京条約により開港場の追加や外国行使の北京駐在などを認めた。

▼**都市計画**　産業化が進んだイギリスでは、農村からの人口の流入により都市は過密化した。公衆衛生政策の必要性が叫ばれ、それが都市計画に反映されるようになっていった。

呼ばれる美しい建築物も残っている。

このシンガポールの街づくりも、ラッフルズが構想した都市計画▲をもとに始められた。植民地都市としてのシンガポールには、当時の最先端の技術や知識が注ぎ込まれ、ヨーロッパ近代が移植されたのである。

ラッフルズの都市計画は、一八二二年のシンガポールの地図(五三頁参照)からうかがうことができる。シンガポール川の北岸に中心となるヨーロッパ人地区をおき、その両翼にマレー・ムスリム地区と華人地区を配している。現在のシンガポールも、チャイナタウン、リトル・インディア、アラブ・ストリートなどの個性豊かな民族ごとの街区が残り、それらが観光地にもなっている。ラッフルズの構想を起点に、シンガポールの都市の形成の過程をみていくことにしよう。

(1)ヨーロッパ人地区

ラッフルズが上陸したのは、シンガポール川が海に注ぐ地点であった。現在はそこにラッフルズ像が立っている(扉参照)。シンガポールの街はここを中心に海岸沿いに広がった。シンガポール川の北岸はヨーロッパ人による行政・軍

●—**植民地**（コロニアル）**様式**　写真はシンガポール中心部、セント・アンドリュース通りに建つ旧最高裁判所。

●—**アルメニア教会**

事空間であった。現在アジア文明博物館となっているエンプレス・プレイスの周辺に行政府の建物が築かれ、その周囲をフォート・カニングや兵舎などの軍事施設が取り囲んだ。アルメニア教会(一八三五年)、聖アンドリュー教会(一八三七年)などのキリスト教会もみられる。現在ショッピング・センターとなっているラッフルズ・シティや国立博物館の周辺は、ラッフルズが建設した学校(八二頁参照)の跡地である。いずれも、ヨーロッパ人コミュニティのための施設といえる。

この界隈に散見されるイギリス時代の建物が植民地様式である。同時代のヨーロッパで流行した新古典主義▲の建築と現地の建築とを折衷させた独特の様式であり、こうした建築を手がける専門家も登場した。初期のシンガポールで活躍した植民地建築家がコールマン▲である。コールマンは、インドのカルカッタやオランダ領ジャワのバタヴィアを経てシンガポールに到来すると、ラッフルズの信頼をえて公共事業監督官に就任し、アルメニア教会など多くの建築を手がけた。

ただし、ヨーロッパ人とは、すべてが上流階層の人びとばかりではなかった。

▼**新古典主義**　十八世紀末の革命と啓蒙主義のなか、フランスで生み出された建築様式。民主主義を発展させた古代ギリシア・ローマに範をとり、列柱を多用した荘厳さを特徴とする。

▼**G・D・コールマン**(一七九五〜一八四四)　アイルランド生まれ。公共事業監督官として、シンガポール川に二本の橋をかけるなど、シンガポールの都市建設に貢献した。

初期のシンガポールの人口統計には、「罪人」が多く含まれている。これはオーストラリアなど他の極東のイギリス植民地でも同様であった。彼らは植民地の建設のために動員された。美しい植民地建築の実際の労働を担ったのは流刑者たちであった。

(2)華人地区

シンガポール川の南岸はチャイナタウンである。華人は、タンジョン・パガル地区など、シンガポールの港からシンガポール川にいたる沿海地域に集住した。川の南岸を華人地区にすることは、一八一九年五月のラッフルズらによる取り決めのなかでも規定されていた。

ただ、「華人」といっても、その内部は複雑であり、チャイナタウンのなかでは同郷集団や同姓集団など、さまざまなコミュニティが形成された。東南アジアへの中国からの移民の大部分は、福建省、広東省の南部二省の出身者であった。そのなかでも、広東、福建、潮州(広東省北部)、客家(ハッカ)▲、海南という五つの言語集団に分かれていた。現在の標準中国語のような共通語は存在していなかったためである。

▼**客家** 戦乱を避けて中国北方から南方(福建・広東・江西各省)に移住した漢族。現地の社会で「客」と呼ばれるほど、独自の堅固なコミュニティを築いた。

▼大伯公　特徴的な白髭を持つ老人。東南アジアに航海に出た客家人がマレー半島に漂着し、地元の住民の信仰を集めたという伝説に由来する。

▼媽祖　福建人が信仰する航海の女神。娘が航海に出ている父と兄を祈願により救ったという伝説に由来する。媽祖廟は、東南アジアの華人街に多くみられる。

▼拿督公　マレー・イスラーム文化における聖者信仰と華人の土地神信仰とが結びついて形成された。写真はマレーシアのもの。

中国からの移民は、古い時代は商人層が中心であったが、十八世紀後半以降農民層も出稼ぎのために移民するようになって数が増え、十九世紀後半以降に増加のペースが加速した。彼らはクーリーとも呼ばれ、しばしばその劣悪な環境が問題視された。こうした出稼ぎ労働者が都市の雑業を担い、それを頭家(タウケ)と呼ばれた有力者が束ねていた。

現在シンガポールのチャイナタウンは観光地としての再開発が進み、当時の建築はほとんど残されていない。ただし、最も古い華人地区の一つであるテロク・アイル通り周辺には、当時の寺院建築が残っている。福徳祠(フクタクチー)は一八二四年に建築された最古の寺院で、大伯公▲を祭っている。一八二五年に建築された天福宮（チアン・ホッケン寺院）は、媽祖(マーツー)▲を祭る廟であり、福建人の集会所としても使用された。東南アジアの華人は、仏教、道教、儒教が混淆(こんこう)した独特の宗教を発展させており、土地神や関公（三国志の武将関羽）など、さまざまな神が信仰された。なかには、拿督公(ダトゥ)▲という現地のイスラームと混淆した神もみられる。

チャイナタウンに典型的にみられる特徴的な建築様式がショップハウスである。一階を店舗（ショップ）、上層階を家屋（ハウス）として利用する。上層階部

●——**天福宮**（チアン・ホッケン寺院）

●——**ショップハウス**　写真は二十世紀初頭のもの。

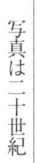

●——**現代のシンガポールの団地**　物干し竿が突き出ているのが見える。

分がせり出しているため、その下が熱帯に日差しを遮る屋根つきの歩道となる。これもヨーロッパとアジアの建築様式の折衷であり、狭い空間を効率的に利用する工夫がなされていた。当時の写真からは、洗濯物を干すスペースがないため、竿を二階の窓から突き出して干していたことがわかる。現代のシンガポールでも、土地不足のため多くの住民は団地住まいであるが、団地からたくさんの竿が突き出ている光景は今でもみられる。

スルタン・モスク

(3)マレー・ムスリム地区

川の北岸、ヨーロッパ人地区のさらに北東に集住したのはマレー・ムスリムであった。現在では華人が七割を占めているが、シンガポールの「現地人」はマレー人であった。今ではマレー人は人口の一割程度であるが、島の東海岸に多く住んでいる。

現在のブギス地区には、その名の通りブギス人たちが集った。彼らは当時の海峡のマレー・ムスリムの代表的な存在であった。ブギスの北はカンポン・グラム地区であり、中心にスルタン・モスク(一八二四年建設、現在の建物は一九二八年)がそびえる。ジョホールのスルタンが一時滞在していたエリアで、シンガポールに現存する最も古いモスクである。スルタン・モスクとブギス地区の間にはアラブ・ストリートが走っており、現在では主に布地を扱う商店街となっている。アラブ人のみならずインド・ムスリムも多く、近くにはインド系のモスクもある。

シンガポールは、近代における東南アジアのイスラームの移民ネットワークの中心となった。イギリスの拠点となったシンガポールは、ヨーロッパ系の蒸気船の交通網の拠点となった。十九世紀後半になると、東南アジアと中東を結ぶムスリムの交通ネットワークの核となった。インド洋の交通の便宜の向上により、留学やメッカ巡礼▲など、中東へ移動する東南アジアのムスリムの移動が増えた。このため、シンガポールは東南アジアのアラブ人ネットワークの中心となった。アフサゴフ家▲に代表されるアラブ人の有力家系は、のちにシンガポールを拠点としてメッカ巡礼を組織する旅行代理店のような機能も果たした。

(4)リトル・インディア

リトル・インディアはマレー・ムスリム地区から内陸に入った西側にある。カンポン・チュリア(インド南東部のコロマンデル海岸出身者を指した)と呼ばれ、

▼**メッカ巡礼**　聖地メッカへの巡礼はイスラーム教徒の義務の一つ。二十世紀初頭になると、ゴム栽培の拡大により地元民の現金収入が増加し、東南アジアからの巡礼者が増加した。

▼**アフサゴフ家**　シンガポールで現地化したハドラマウト出自のアラブ人家系の代表格。シンガポールのマレー人地区であるゲイランに大規模な農園を保有していた。

一八二〇年代末にインド人の定住が開始された。インド人移民にはヒンドゥー教徒とイスラーム教徒がおり、ヒンドゥー寺院とモスクの両方をみることができる。

インド人もまた出自はさまざまであるが、コロマンデルのタミル人、テルグ人、マラバル(南西部)海岸のマラヤラム人など、その多くは南部出身者であった。都市部で目立つのは、チェティアールと呼ばれるタミル人の金融カーストである。シンガポールやマレーシアの街中ではインド系の貴金属店がみられるが、チェティアールが賃金業や質屋を営んでいたことに由来する。マレー半島には、二十世紀初頭のゴム・ブーム▲により、南インドから大量のタミル人移民が到来した。現在のインド系住民の多くは、その時期に移民した労働者の子孫である。

インドからやってきた人びとのなかには、イギリスのインド洋ネットワークを利用した中央・西アジアの商人たちもいた。アルメニア人はロシアの南下とともに中央アジアのカフカスから英領インドに進出した商人集団である。彼らは東方教会のキリスト教徒であり、シンガポールの中心部にはアルメニア教会

▼**ゴム・ブーム**　アメリカの自動車産業の勃興とともにタイヤに使用されるゴムの需要が高まった。ゴム(パラゴムノキ)はブラジル原産であったが、イギリスがシンガポールの植物園で移植に成功し、一九〇〇年代に一気にマレー半島に広まった。

●—**リトル・インディアのヒンドゥー寺院**　写真はスリ・スリニヴァサ・ペルマル寺院（一八五五年建築、写真の門塔は一九六六年建築）。

●—**リトル・インディアのインド系貴金属店**

▼**パルシー**　インド西部のボンベイを主な拠点とした商人集団。インドの有力財閥として知られるタタ一族は、パルシーの家系である。

オーチャード・ロード

がある。ペルシャ(イラン)由来のゾロアスター教徒を指すパルシー▲も、インドにおける商人集団として知られた人びとであった。

(5)内陸部

シンガポールの人口増加とともに、市街地は内陸に拡大する。現在のシンガポールにおける目抜き通りとなっているオーチャード・ロードは、十九世紀末以降に都市化された内陸地域である。オーチャードは果樹園を意味するが、これはヨーロッパ人の経営する胡椒やナツメグの農園があったことに由来する。人口の急速な増加とともに、都市空間が沿岸部から内陸へと拡大していった。

(6)都市の多民族社会

ラッフルズが主導して築いた都市インフラのもとで、東西から多様な移民が集まり、都市を広げていった。彼らは出自ごとに集住し、コミュニティを形成した。

ただし、民族ごとのすみわけはヨーロッパ人により持ち込まれた、といってしまうのは正確ではない。海域アジアの港市は、もともと多民族からなっていた。前近代の港市国家のもとでは、商人たちが民族ごとにすみわけ、独自の権

●—シンガポールの人口（一八四九年）

民族など	男	女	計
ヨーロッパ人	243	117	360
ユーラシアン	472	450	922
アルメニア人	35	15	50
アラブ人	121	73	194
バリ人	78	71	149
バウェアン人	720	43	763
ブギス人	1,452	811	2,263
非イスラム原住民	1	2	3
華人	25,749	2,239	27,988
コーチシナ人	11	16	27
ジャワ人	1,139	510	1,649
ユダヤ人	18	4	22
マレー人	6,612	5,594	12,206
インド人	5,423	838	6,261
パルシー	23	0	23
シャム人	4	1	5
計			52,891
兵士			609
罪人			1,548
船上生活者			2,995
居住地不明			1,000
合　計			59,043

（人）

▼**日本人町**　江戸初期、朱印船貿易を通じて、アユタヤやマニラ(フィリピン)、ホイアン(ベトナム)など南シナ海沿いの港市に日本人町が形成され、日本人首長もおかれた。

力を持つ首長のもとでコミュニティを形成した。十七世紀前半に、アユタヤなど東南アジアの南シナ海沿岸の諸都市に築かれた日本人町▲はその典型である。植民地都市は、港市の近代版ともいえる。

植民地の場合、民族と社会経済的機能がリンクしていることも多い。ヨーロッパ人は行政・軍事、アジア系移民(華人、インド人、アラブ人など)は経済(商業・金融)を握る、という具合である。結果として、空間ごとに機能を割り振る都市計画が民族ごとの空間的すみわけにつながる。このため、植民地都市には、チャイナタウンをはじめ多くの移民の居住区ができた。こうして、マラヤ・シンガポールでは、「万華鏡」とも称される多様な民族が暮らす社会が形成されたのである。

④―啓蒙思想とマレー人社会

秘書アブドゥッラー

ラッフルズと現地のマレー人とのかかわりはどのようなものであったのだろうか。すでに述べたように、ラッフルズはマレー人社会に深い関心を抱き、彼らとともに新たな社会をつくろうとした。両者の関係は、アジアの社会が近代に直面した状況を象徴している。

ラッフルズに関する同時代の記録として、ラッフルズのマレー語秘書を務めたアブドゥッラー・ビン・アブドゥルカディールという人物の自叙伝『アブドゥッラー物語』（原著は一八四九年に出版）がある。マレー語の近代文学の祖とされるこの作品は、日本語にも訳されている（以下、本書での引用は、すべて中原道子の訳による）。

アブドゥッラーは、流動的なマレー・イスラーム世界を象徴する人物であった。彼の父方の祖先はアラブ人で、アラビア半島南部のハドラマウト▲（現在のイエメン）の出自であった。ただし、曽祖父の代にインドへ、さらに祖父の代

アブドゥッラー（一七九六～一八五四）

▼ハドラマウト　東南アジアのアラブ人の多くは、ハドラマウトの出自を持つ者（ハドラミー）であった。可耕地が狭く、歴史的に海外移民を多く輩出する地域として知られる。

『アブドゥッラー物語』

でマラッカに移住したため、アブドゥッラーはマラッカ生まれである。

アブドゥッラー一族が示すように、イスラームの人的ネットワークは、インド洋をまたいで広がっていた。アラブ人は移住先のインドや東南アジアで結婚し、現地社会の一員となった。アブドゥッラーの父は商人であったが、各地に出向いて布教もおこなっていた。キリスト教とは異なり聖職者を持たないイスラーム教の拡大は、こうした商人兼宗教者によるところが大きかったのである。

同時に、アブドゥッラーは、マラッカの多民族社会の申し子でもあった。母方は南インドのタミル人の出自で、マラッカのインド人コミュニティの一員であった。彼の血統としては、アラブ・インドの混血者ということになる。アブドゥッラーは、その家系からアラビア語、タミル語、出身地からマレー語、そしてヨーロッパ人から習得した英語というように、多彩な言語を操った。それゆえ、ラッフルズの通訳としてマラッカの他民族との関係を取り持つ役割を果たすことができた。

第一章でも触れたように、マラッカはマレー王権時代以来、東西から商人が集住し、有力な外来商人は王権から官位をえて政治権力も持っていた。『アブドゥッラー物語』には、当時オランダ領であったマラッカにはマレー人、インド人、中国人、キリスト教徒の四人の「カピタン」▲がいたと書かれている。マラッカでは複数のコミュニティが首長を持ち、独自性を保ちながら一つの社会を形成した。このような社会では、複数の集団を媒介できる混血者は高い地位についた。アブドゥッラーについてもそれがあてはまる。

多層的なアイデンティティを持つアブドゥッラーだが、最も強かったのはマレー人としての意識であった。このことは、自叙伝をマレー語で著し、マレー人に対するメッセージを残したことに示されている。彼はラッフルズとマレー人をつなぐ存在であろうとした。

『アブドゥッラー物語』はあくまでも文学であり、すべてが史実と断定することはできない。しかし、彼の文章は時代の空気を伝えており、ラッフルズがどのように現地で受け入れられたのかを示す記録といえよう。ラッフルズのマレー人に対する考え方と、それが現地社会にどのように受け止められたかについてみてみることにしよう。

▼**「カピタン」**　ポルトガル語で長を指す。ヨーロッパ勢力がアジア系商人にカピタンの称号を与えて権限を認める制度はポルトガル領マラッカでみられ、その後オランダやイギリスにも採用された。

ラフレシアのスケッチ　大英博物館のコレクション。

▼**『スジャラ・ムラユ』**(マレー王統記)　マレー語古典文学の最高峰といわれるマラッカ王権を中心とした叙事詩。アレクサンドロス大王を祖先としてマレー王権の系譜と歴史

現地の社会・文化の研究

ラッフルズは、マレー人に対して愛情をもって接し、彼らの言語や文化に深い関心を示した。『アブドゥッラー物語』には、以下のような一節がある。「彼は、インチェという言葉が適当な人にはインチェを、トゥアンという言葉が適当な人にはトゥアンを使って話すことができた」。この二つのマレー語はいずれも二人称(あなた)を意味するが、インチェは対等な相手、トゥアンは目上の相手に使う表現である。ラッフルズがマレー語の敬語表現を理解していたことは、彼のマレー文化に対する造詣の深さを物語る。

ラッフルズは、現在でいう地域研究者の先駆けであった。アブドゥッラーは、ラッフルズがマラッカのあらゆるものを収集する場面を描いている。彼は四人の秘書を雇い、木の葉・花・菌・苔などの植物、蝶や蜂などの昆虫、魚類、鳥類など、さまざまな熱帯の動植物を集めさせていた。大英博物館には、ラッフルズの残したコレクションが収蔵されている。なお、植物学において、ラッフルズの名は世界最大の花として知られるラフレシアのなかに残されている。

ラッフルズは、マレー人の歴史・文化の研究者でもあった。彼は、写本など

が描かれ、史実と神話が混然一体になったスケールが大きい作品である。

▼人種　人類を形質的特徴によって分類した区分。当時は身体的特徴と人間集団の社会・文化的特徴が関連付けて考えられていたが、現在ではそれは否定されている。

▼民族　多様な定義があるが、一般的には、言語、慣習、宗教などの文化要素を共有し、帰属意識（アイデンティティ）によって結ばれた社会集団を指す。

のマレー語資料も金に糸目をつけずに買いあさった。このマレー語の文書資料をもとに、マレー王権の歴史や慣習法を研究したことは第二章で触れたとおりである。ジャワ統治時代、森に埋もれていたジャワ島のボロブドゥール遺跡を再発見したのもラッフルズであった。

　ラッフルズが収集した資料のなかに、マラッカの王家の歴史を書いた物語『スジャラ・ムラユ（マレー王統記）』▲がある。この物語は、十七世紀にジョホールの宮廷で編纂され、マレー・イスラーム世界の各地で写本として書写されて伝わって来たものであり、現存するだけで三〇を超えるバージョンがある。ラッフルズは、散逸しかかっていたマレー語の写本を収集し、それをライデンが英訳して出版した。現在王立アジア協会に所蔵される『スジャラ・ムラユ』のラッフルズ一八版は、最も重要性の高い写本として評価されている。

　現地での見聞や収集した資料をもとに、ラッフルズは研究を進めた。第二章でみたように、彼は現在のマレーシア、インドネシアにあたる東南アジア島嶼（とうしょ）部地域の人びととの慣習や法制度に共通性があることを認め、マレー人という一つの「人種▲」とみなした。現在は民族▲と呼ばれる社会集団は、当時は人種と認識されていたのである。

もともと、この地域の民族概念はあいまいであった。ジャワ、スマトラなど各地の人びとは独自の文化を持ちながらも、マレー語、イスラームを共有する緩いまとまりが形成されていた。一方、ヨーロッパで発達した人種は生物学的な概念で、固有の性質を持つとみなされる。現在のマレーシアやシンガポールで重要な民族という概念は、前近代から続く流動的な人間集団をイギリスが持ち込んだ人種という枠にはめこむことで形成された。ラッフルズがマレー人という民族概念の成立に与えた影響は大きいといえよう。『スジャラ・ムラユ（マレー語で「マレー人の歴史」）』も、もとはアラビア語で「諸王の歴史」という題名であったが、マレーという人種の名称を含む題名が付され、定着した。

ラッフルズの地域研究の成果の一つが、『ジャワ誌(History of Java)』である。『ジャワ史』の間違いでは？　と思われた方もいるかもしれない。しかし、彼の描くHistoryは現在的な意味での歴史ではない。この本では、まず地質や気候など自然地理から始まり、動植物の種類、人種の特徴などを描いたのち、初めて王朝など歴史に入る。だから、ジャワ「史」ではなくジャワ「誌」なのだ。

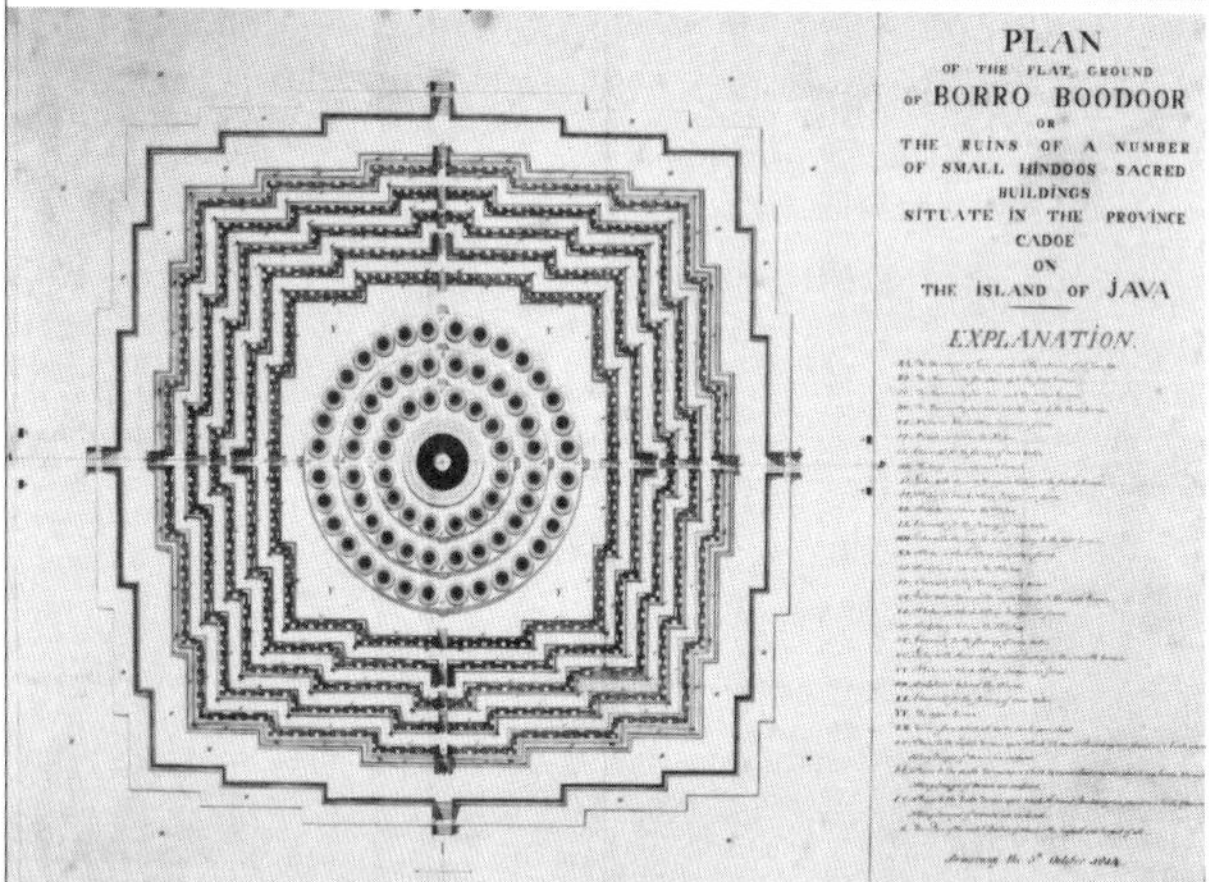

●――**ボロブドゥール遺跡**　シャイレーンドラが八世紀末に建設した仏教寺院。基壇を含め九層のピラミッド建築に、五〇〇を超える仏像や壁面の浮彫により仏教の世界観が示されている。その後放棄されていたが、ラッフルズが再発見した。

自然界のすべてのものを収集し、体系的に分類し、分析するという方法論は、博物学(自然史)、作品は博物誌と呼ばれ、当時としては一般的であった。現在では細かく分かれている自然科学や人文・社会科学の多くの分野にまたがるスケールの大きな学問であった。ヨーロッパとはまったく植物・動物相が異なる熱帯の海域東南アジアは、博物学者にとっては魅力的な土地であった。この地域の博物誌の代表作『マレー諸島』▲の著者ウォーレスは、ダーウィンとともに進化論の確立に大きく貢献した。

ラッフルズの同時代の人物として、十九世紀の初めに来日し、日本の文物を収集し、帰国後『日本』という博物誌の大著を記したシーボルト▲がいる。ラッフルズやシーボルトの著書は、学問的な業績であると同時に、ヨーロッパ人の情報収集の貪欲さを示している。シーボルトが日本地図を持ち出そうとして捕えられたことは象徴的である。

アブドゥッラーは「あらゆる時代のマレー語の文書類、我々の祖先の財産は、売り払われ、国中から持ち去られた」とも嘆いている。そして彼は、自らの文化を売り渡してしまうマレー人に対して、「それが後になればどんなに愚かし

▼**『マレー諸島』**(一八六九年)　A・ウォーレス(一八二三～一九一三)による、島嶼部東南アジアの博物誌。ウォーレスは、この地域の生物相を二つに分ける境界(ウォーレス線)を発見した。

▼**P・シーボルト**(一七九六～一八六六)　現在のドイツ出身、オランダ東インド会社の医師として来日し、一八二三～二六年に日本に滞在した。日本では、文物の収集に加え、「鳴滝塾」を開いて医学を教えた。

いことになるか、気がつかなかった」と批判した。ラッフルズの行為は、一面からみれば文化の収奪でもあったともいえる。現地社会を学問的に記述することは、いわば「知」の支配ともいえる行為であった。

ヨーロッパ人によるアジア地域の体系的な情報収集は、ヨーロッパ勢力によるアジア支配と密接な関係がある。現在の学問は、こうした知の蓄積のうえに成り立っていることを忘れるべきではない。

さまざまな改革

ラッフルズは、マレー人に対して深い愛着を抱き、さまざまな政策をおこなった。植民地支配者というと高圧的な差別主義者というイメージがあるかもしれない。しかし、ラッフルズのように、現地社会に魅了され、積極的に現地人への働きかけていくのも植民地行政官の一つの典型である。ラッフルズのマレー人社会の改革の試みについて、(1)教育機関の設立、(2)奴隷の解放、(3)アヘンの禁止を例にとって考えてみよう。

(1)教育機関の設立

ラッフルズが力を入れた分野が教育である。彼は教育に関する覚書も会社に提出し、マレー人のための教育機関の建設を提唱した。この地域において、教育は主としてイスラームの領域であった。そのなかで、ラッフルズはマレー人に世俗的な教育をおこなう学校を設立しようとしたのである。

植民地都市における学校は、ヨーロッパ人と現地人の接点となった。ただし、最初に学校の設立をおこなったのは、政府(東インド会社)ではなく、キリスト教の宣教団であった。イギリスは、海外領土でのキリスト教の布教には熱心ではなかった。特にムスリム地域でのキリスト教の布教は、現地社会との間に摩擦を生みかねないためである。このため、宣教団は会社の支援なしに独自に進出した。

財政に余力のない会社に代わって、宣教団が植民地化初期の文化政策に果たした役割は小さくない。彼らは布教の一環として、聖書の現地語への翻訳をおこなった。当時アラビア文字にて表記されていたマレー語(ジャウィ▲)のローマ字化をおこなったのは彼らである。そこから英語・マレー語の辞書や語彙集、

▼**ジャウィ**　アラビア文字を改変したマレー語の表記法。植民地期にマレー語のローマ字表記が導入され、両者が並存する状況が続いたが、独立にあたりローマ字をマレー語の表記文字とすることが定められた。

●──**シンガポールのベンクーレン・モスク**　上部にローマ字、下部にジャウィとタミル文字という三種類の表記が見られる。

▼ロンドン伝道協会　一七九五年ロンドンで設立された国教会系の宣教団体。当初は南太平洋で活動していたが、十九世紀初頭から中国で布教を開始し、東南アジアの華人社会にも進出した。

▼ラッフルズ学院　財政難から建設は進まず、実際に生徒が通いはじめたのは一八三四年であった。現在でも中等教育機関として存続しており、名門校として知られる。

文法書などが出版された。地域差が大きかったマレー語が標準化され、正書法が確立していく端緒であった。

学校の設立もその延長線上にあった。子どもたちが布教のターゲットとなったためである。『アブドゥッラー物語』にも、宣教師がアブドゥッラーとお互いに言語を学びあったり、学校で子どもたちに教えたりする場面がある。のちに政府が担うことになる役割を宣教団が補完していたのである。

マレー半島では、ペナン・フリースクール(一八一六年)、マラッカのアングロ・チャイニーズ・カレッジ(英華書院、一八一八年)といった学校が設立された。後者を設立したロンドン伝道協会▲は中国における布教活動に熱心な団体であり、中国語ができる宣教師も少なくなかった。物語に登場する宣教師のモリソンは、英語と中国語の辞書の編纂者としても知られる。マレー人が布教の対象になりにくかったため、東南アジアでも生徒の多くは華人であった。

一方で、ラッフルズは、会社の手でマレー人のための学校の設立をしようとした。彼の構想は、シンガポール最古の学校であるラッフルズ学院▲(一八二三年)として結実した。ラッフルズの構想では、この学校を研究部門、華人部門、マレー人部門からなる大規模な教育機関に発展させるつもりであった。ただし、ラッフルズがシンガポールに長くとどまらなかったこともあり、予算的制約から実現したのはマレー人部門のみであった。

『アブドゥッラー物語』には、ラッフルズが熱心に教育機関の設立をめざしたことが描かれている。彼はイスラーム教育の現場を訪ねたが、コーランの暗唱を基本とする教育方法や日常的な体罰に反発し、自ら学校をつくろうと決意を固める。別の場面では、ラッフルズ学院設立のためにスルタンに寄付を求めたり、スルタンの息子をインドに留学させることを提案したりする。しかし、いずれもスルタンは消極的で、ラッフルズは激怒する。

アブドゥッラーは、これをマレー人の無理解として描いているが、「教育」という概念自体になじみが薄いマレー人の眼からみれば、ラッフルズの熱心な姿勢は、かえってマレー人の慣習や文化に対する干渉に映ったことであろう。

十九世紀後半になると、イギリスは植民地化したマレー半島で学校建設を進めるが、就学率はなかなか上がらなかった。学校をキリスト教の施設とみなして子どもを送ることに抵抗を示したマレー人も少なくなかったとされる。学校の設立は、教育をめぐる価値観の相違を浮き彫りにすることとなり、その克服には長い時間を要したのである。

(2)奴隷の解放

ラッフルズは、奴隷の解放もおこなった。『アブドゥッラー物語』には、フローレス島▲から連れてこられた奴隷の哀れな様子が描かれている。これを目にしたラッフルズは「全く邪悪なことだ」と憤慨し、イギリス議会では奴隷売買の禁止▲の要求が高まっていると語る。別の場面では、ラッフルズの帰国後の行政官クロファードがスルタンの多くの女奴隷を勝手に解放してしまう。スルタンは抗議するが、クロファードはベンガル総督の命令として、イギリスの植民地で奴隷を所有することは許されないと言い渡した。

ただし、「奴隷」という概念も、時代や地域によって異なる。ラッフルズやクロファードとマレー人の奴隷に対する認識も同じではなかったであろう。奴隷は、海域東南アジアでは広くみられた。流動的で小人口の海域世界では、人間は最大の財産であった。戦争や海賊により捕虜となった人間は戦利品として連れ去られ、奴隷として売買された。王族などの有力者は、抱えられるだけの

▼フローレス島　ジャワ島の東に連なる小スンダ列島の一島。非ムスリムが多く、マラッカ海峡周辺地域では奴隷の供給地として知られていた。

▼奴隷売買の禁止　イギリスでは一八〇七年に奴隷貿易が廃止され、一八三三年にはイギリス国内での奴隷が廃止、海外領土についても順次廃止されていった。

人間を抱え込むことで権威を示した。奴隷は従属身分ではあるが、慣習的には主人に扶養義務があり、有力者の従者に近い存在もいた。

マレー半島でも、植民地化とともに奴隷制度は廃止される。奴隷の解放は、当時のヨーロッパの当時の人道主義的な価値観が反映された行動であり、時代の潮流であった。しかし同時に、奴隷身分が組み込まれていた当時のマレー人社会や人間関係のあり方全体に変更を迫るものでもあったのである。

(3)アヘンの禁止

ラッフルズはアヘンの害毒を強調し、これを禁止した。アヘンは、当時インドから中国向けに大量に輸出されていたが、その一部は東南アジアにも流入し、華人のみならずマレー人にも蔓延していた。

アヘンが有害であるという認識は当時のヨーロッパ人の間でも共有されておらず、少量であれば体によいという意見もあった。もちろん、カントリー・トレーダーなど自らアヘンを扱う商人は、それを悪くいうわけはない。そのなかで、ラッフルズは強権的にアヘンを廃止したのである。

しかし、現実にはイギリス東インド会社の統治にアヘンは重要な役割を果たした。シンガポールは自由港とはいえ、いくつか例外があった。アヘンはその一つであり、政府が扱う専売品に指定された。しかし、実際に扱っていたのは、多くの場合、末端の消費者に密着していた華人商人であった。会社は、アヘンを扱う権利を競売にかけて華人商人に売却し、財源とした。

華人商人は、財政的貢献により植民地行政にも参画して地位を強めるとともに、アヘンの顧客である華人労働者への管理を強めた。有力商人は、公司(コンシ)▲と呼ばれる組織をつくって労働者を囲い込んだ。公司は武装し、なかば独立した勢力となった。イギリスの自由貿易や都市社会の統治は、裏でアヘンを扱う華人有力者により下支えされていた。

もちろん、このような状況はラッフルズの価値観とは相容れなかったであろうが、イギリスの統治にはアヘンを扱う華人有力者商人の存在が不可欠であった。十九世紀末になるとイギリス本国ではアヘンの害毒が広く認識され、禁止運動が展開されることになるが、海峡植民地では、二十世紀になってもアヘンが流通し続けたのである。

▼**公司**　現代中国語では会社を意味するが、より広い意味での互助組織、結社を指す。イギリス当局には「秘密結社」とみられた。十九世紀中葉のペナンやシンガポールでは公司間の抗争(械闘)が起こった。

啓蒙思想と植民地主義

ラッフルズが東南アジアに持ち込んだのは、「近代」そのものであった。彼の思想は、現代を生きる私たちにまで連続している。学校の設立や奴隷の解放という改革をみたとき、現在では多くの人がラッフルズは「正しい」と評価するだろう。しかし、当時の文脈ではどのような意味を持っていたのだろうか。

ラッフルズが信奉した自由主義に付随するのが啓蒙思想▲である。この時代、ヨーロッパで発展した啓蒙思想が環大西洋革命を通じて世界中へ波及する。ラッフルズはマレー人に愛着を抱き、マレー人の啓蒙に力を尽くした。これは、前述のさまざまな対マレー人政策からも明らかである。

ただし、彼のこうした姿勢がマレー人にとってありがたいものであったかは別問題である。それまでのヨーロッパ勢力と比べて、ラッフルズの政策は明らかに現地社会への干渉を強めたからである。重商主義の時代には、輸出品の供給という要求さえ満たせば、現地の王権は一定の自律性を保つことができた。しかし、ラッフルズは、自らの価値観にマレー人を同化させようとした。

こうしたヨーロッパ人のアジアにおける態度は、「父権主義(パターナリズム)」

▼**啓蒙思想**　従来のキリスト教の世界観に代わり、人間の理性や科学の普遍性にもとづいて進歩をめざす思想。大衆に対する理性の啓発の動きにもつながった。

とみることもできる。父親が子どもを扱うように、劣った他者を自分の水準へ引き上げようと手を差し伸べる。ラッフルズのマレー人に対する愛情は一方的で、その関係性は対等ではなかった。実際、マレー人社会の文化や慣習であったとしても、ラッフルズの価値観に合わない奴隷や海賊などは決して許容されず、力によって廃止された。啓蒙思想は、遅れた者の文明化を助けるという名目で、植民地統治を正当化する論理にもなった。ラッフルズは、本人のマレー人愛とは裏腹に、その後のヨーロッパの植民地支配の先駆者でもあったといえるだろう。

　ラッフルズは時代の最先端の思想を身に付けていたと同時に、無意識のうちに、当時のヨーロッパ人のアジアに対する偏見も持っていた。イスラームに対する偏見もその一部である。当時のヨーロッパには、イスラームをアジアの後進性の象徴とみて、古代に豊かな文化を誇ったインドや東南アジアがイスラーム化とともに凋落(ちょうらく)したとみなす風潮があった。ラッフルズもマレー文化は評価していたが、イスラームは評価しなかった。こうした意識の構造は、サイードによる『オリエンタリズム』▲の批判にもつながる。ラッフルズの思想が現在に

▼**『オリエンタリズム』**　もともとはオリエント(東洋)研究を指したが、E・サイード(一九三五～二〇〇三)は、ヨーロッパが学問の形をとって他者(アジアやイスラーム)に特定のイメージを押し付け、支配を正当化する様式であるとして、オリエンタリズムを批判した。

連続している分、彼の抱えた問題点もまた我々と無関係ではないのである。

『アブドゥッラー物語』を考えるときにもう一つ重要なのは、アブドゥッラーの立ち位置である。物語には、アブドゥッラーがラッフルズの視点に同調し、マレー人の後進性を批判する個所が多い。アブドゥッラーは、マレー王権が衰退した原因を王族の後進性、横暴さに求めた。彼は、西洋近代的な価値観から同じマレー人を批判する側に回った。

物語には、アブドゥッラーが水腫の手術を受ける場面が出てくる。体を直接傷つける外科手術は、彼らにとって未知の医療▲であった。友人たちはこぞって反対し、アブドゥッラー自身も恐怖におののいていたが、手術は成功し、アブドゥッラーはその効果を周囲に吹聴する。すると、医者のもとに多くの現地人が通うようになる。このエピソードは、当時「近代」が持っていた力を示している。アジアの側は、近代化(当時の文脈では西洋化)を受容するかどうかを迫られ、社会の分断も引き起こされた。その過程を経て、近代に適応し、自分のものにした現地人が登場してくることになる。

▼**医療**　外科手術や注射など、体を傷つける医療行為は、時として住民の激しい拒否反応を引き起こした。医療という科学技術のなかで生じた植民地権力と住民の間の支配・被支配の関係は、「帝国医療」と形容されることもある。

⑤—ラッフルズがもたらしたもの—その後のシンガポール

帰国——東インド会社との対立

ラッフルズは、一八二四年にベンクーレンから帰国した。与えたインパクトに比して、彼のシンガポール滞在期間は極めて短い。一八一九年の短期間と一八二二〜二三年の一年間弱であり、シンガポールでは行政官としての役職にもつかなかった。当時多くのヨーロッパ人がそうであったように、ラッフルズには熱帯の気候に体を蝕(むしば)まれ、しばしば体調を崩した。ベンクーレン時代の一八二一〜二三年、彼は四人の子どもを次々に喪(うしな)う不幸に見舞われた。帰国直前には彼の乗った船が火災に襲われ、収集した文物が灰燼(かいじん)に帰すというトラブルもあった。

帰国後、ラッフルズはロンドン動物学協会▲の設立に参加するなど、持ち前の博物学への関心を生かした活動をおこなった。しかし、東インド会社本部との対立は解消されなかった。ラッフルズは、アジアにおける自身の活動に対して、会社から金銭的な報酬を受けられると期待していた。しかし、会社は財政的に

▼**ロンドン動物学協会**　自然科学への関心の高まりのなかで一八二六年に設立された。協会が設置した庭園は、現在のロンドン動物園となった。

逼迫していた。帰国後に彼を待っていたのは、ボーナスどころかシンガポールの建設にかかわる追加費用の請求であった。

結局この争いは法廷に持ち込まれ、心身ともに消耗したラッフルズは裁判のさなかの一八二六年に四五歳で死去した。最終的には、ソフィア夫人が遺産から請求された費用を会社に支払った。ラッフルズの業績は、存命中は世間の認めるところとはならなかった。彼の晩年は、決して恵まれたものではなかったのである。

その後のシンガポール——自由貿易の拠点としての経済発展

本書の最後に、ラッフルズが後世に残した遺産について考えてみよう。彼自身は見届けることができなかったが、冒頭で述べたとおり、その後のシンガポールの経済発展はめざましかった。イギリスのグローバルなネットワークの中心となるとともに、華人やムスリムなど海域アジアの移民ネットワークの中心にもなったためである。

経済発展の多くは、移民によってもたらされた。ラッフルズが持ち込んだ自由主義の帰結の一つが人の移動の自由化である。植民地の時代は、現在と比べて人の移動がはるかに活発であった。特に、アヘン戦争を契機とした中国の開国は、大量の移民をもたらした。十九世紀末にもう一つの有力な移民先であったアメリカの西部開発が落ち着くと、東南アジアに集中した。シンガポールは華人移民▲の玄関口となった。シンガポールの人口は、大規模な移民により急速に増加した（次頁のグラフ参照）。華人が七割を占める現在のシンガポールの人口構成は、ここで形成されたのである。

物流においても、アジア海域に広がった華人ネットワークは大きな役割を果たした。シンガポールには、インドや日本の綿織物に加えて、東南アジアのシャムやフランス領インドシナのコメ、オランダ領東インドの砂糖やゴムなど、政治的境界を越えてモノが集まった。アジアの内部の流通を握っていたのは華人商人であり、彼らが拠点をおいたシンガポールがアジア間貿易▲のハブとなる仕組みができたのである（次頁のグラフ参照）。十九世紀末から二十世紀初頭、シンガポールは植民地体制のもとで大きな繁栄を迎えた。

しかし、一九三〇年代初頭の世界恐慌▲にともなうブロック経済化▲により、植

▼華人移民　華人移民は、香港や厦門など華南の港からまずシンガポールに入り、そこで労働契約を結んで、マレー半島やスマトラ島などの農園や鉱山に再移動するケースも多かった。

▼アジア間貿易　杉原薫は、十九〜二十世紀の植民地経済体制におけるアジア地域間の貿易の成長に着目し、アジアの経済圏としての相対的な自律性、地域間の経済関係の深化を強調した。

▼世界恐慌　一九二九年十月のニューヨークの株価暴落を契機に起こった世界的な不況。金本位制にもとづく国際経済体制が崩壊し、ファシズムの台頭の契機にもなった。

▼ブロック経済　世界恐慌後、イギリスやフランスなどは植民地と関税同盟を結んでブロックを形成し、自国と植民地の市場を保護した。これにより自由貿易体制は終焉を迎えた。

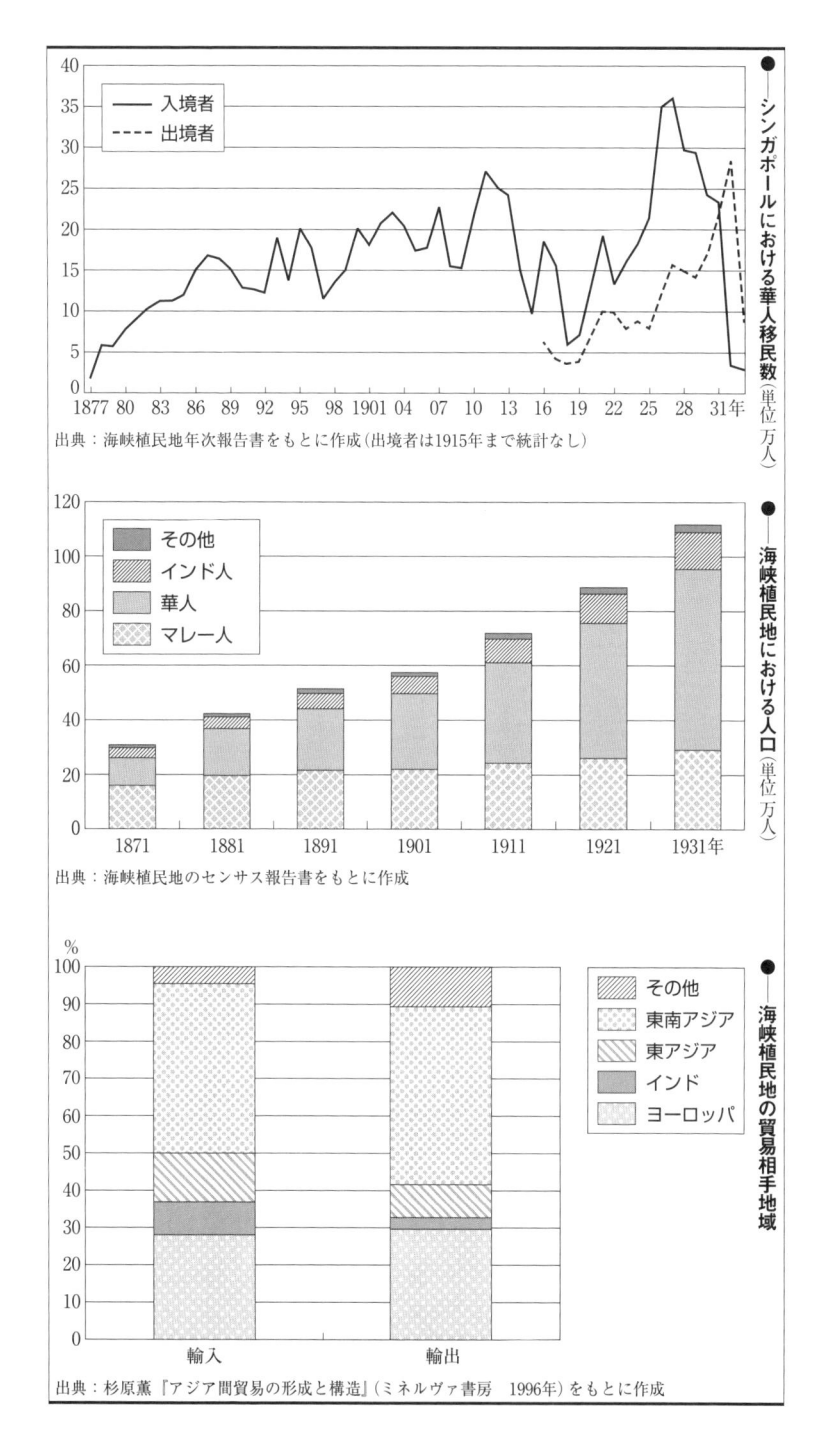

●—シンガポールにおける華人移民数(単位 万人)

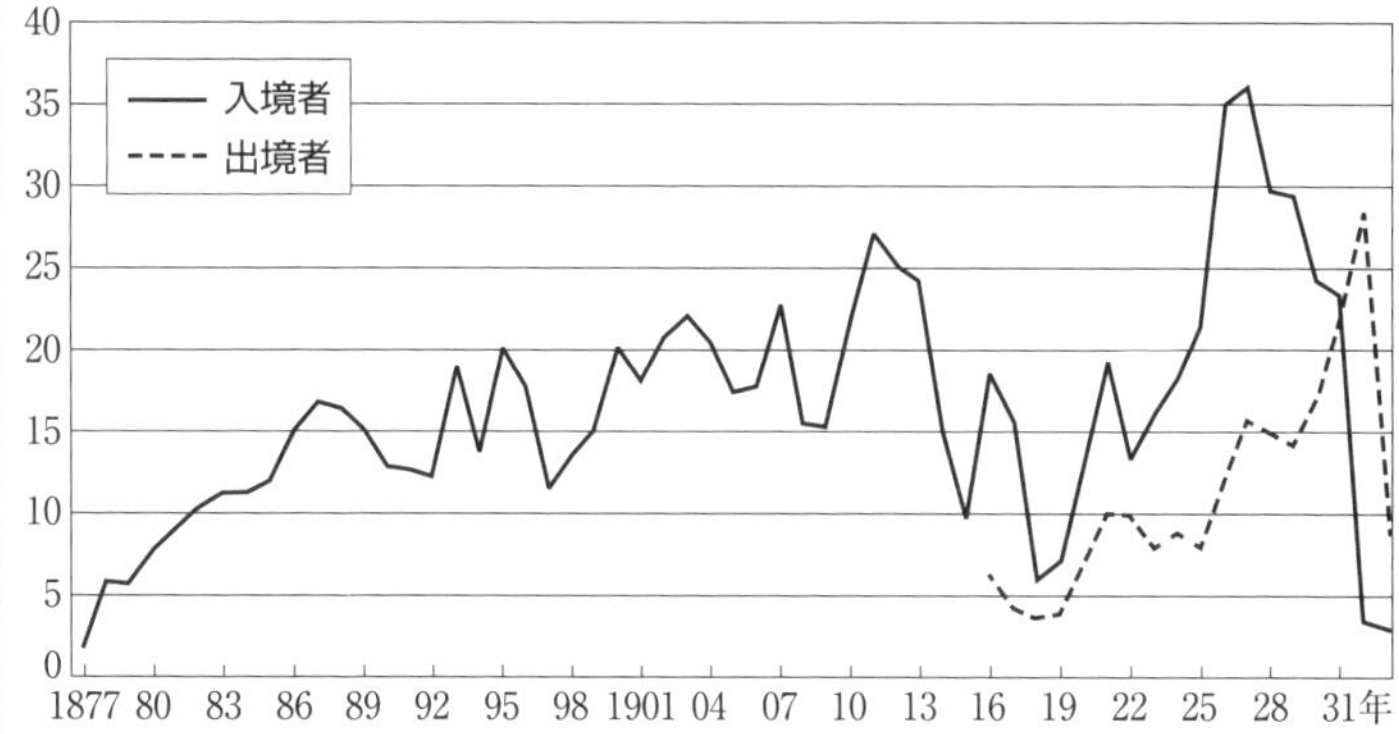

出典:海峡植民地年次報告書をもとに作成(出境者は1915年まで統計なし)

●—海峡植民地における人口(単位 万人)

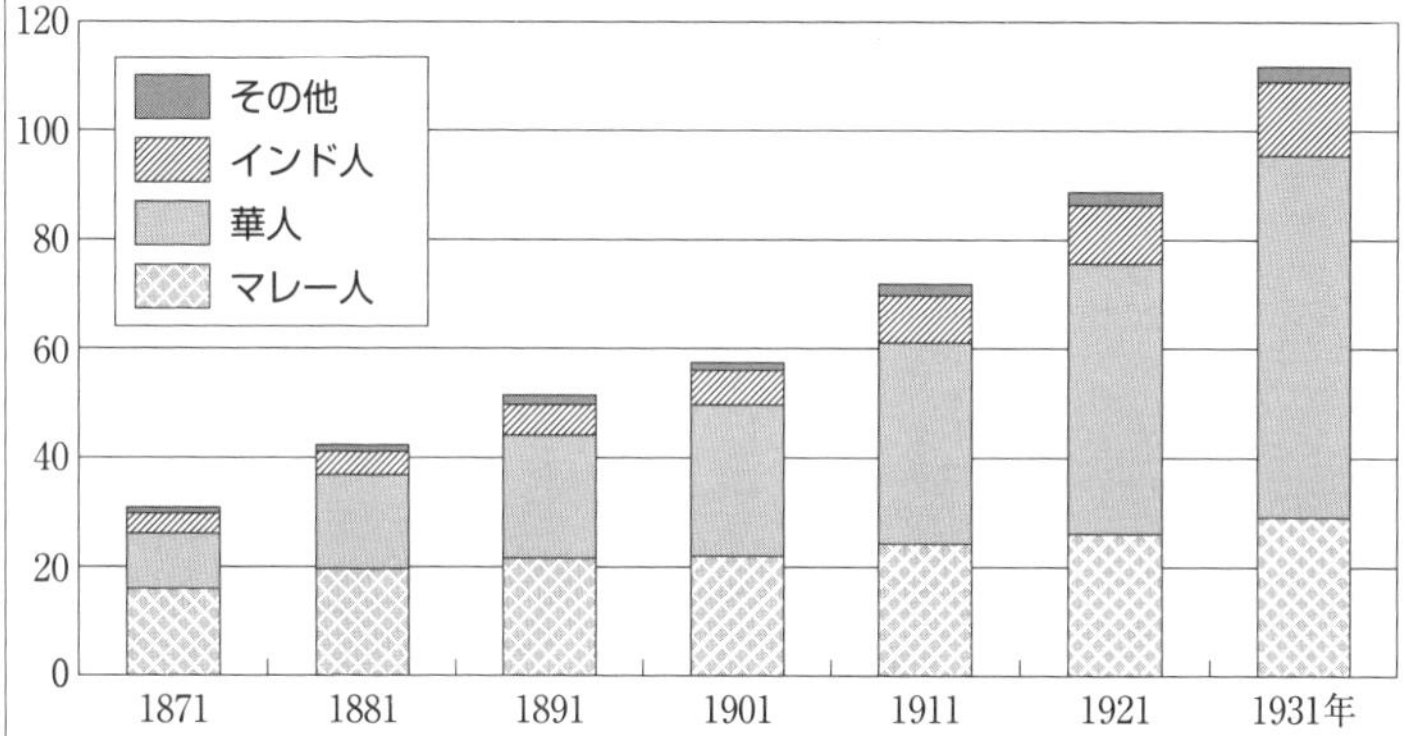

出典:海峡植民地のセンサス報告書をもとに作成

●—海峡植民地の貿易相手地域

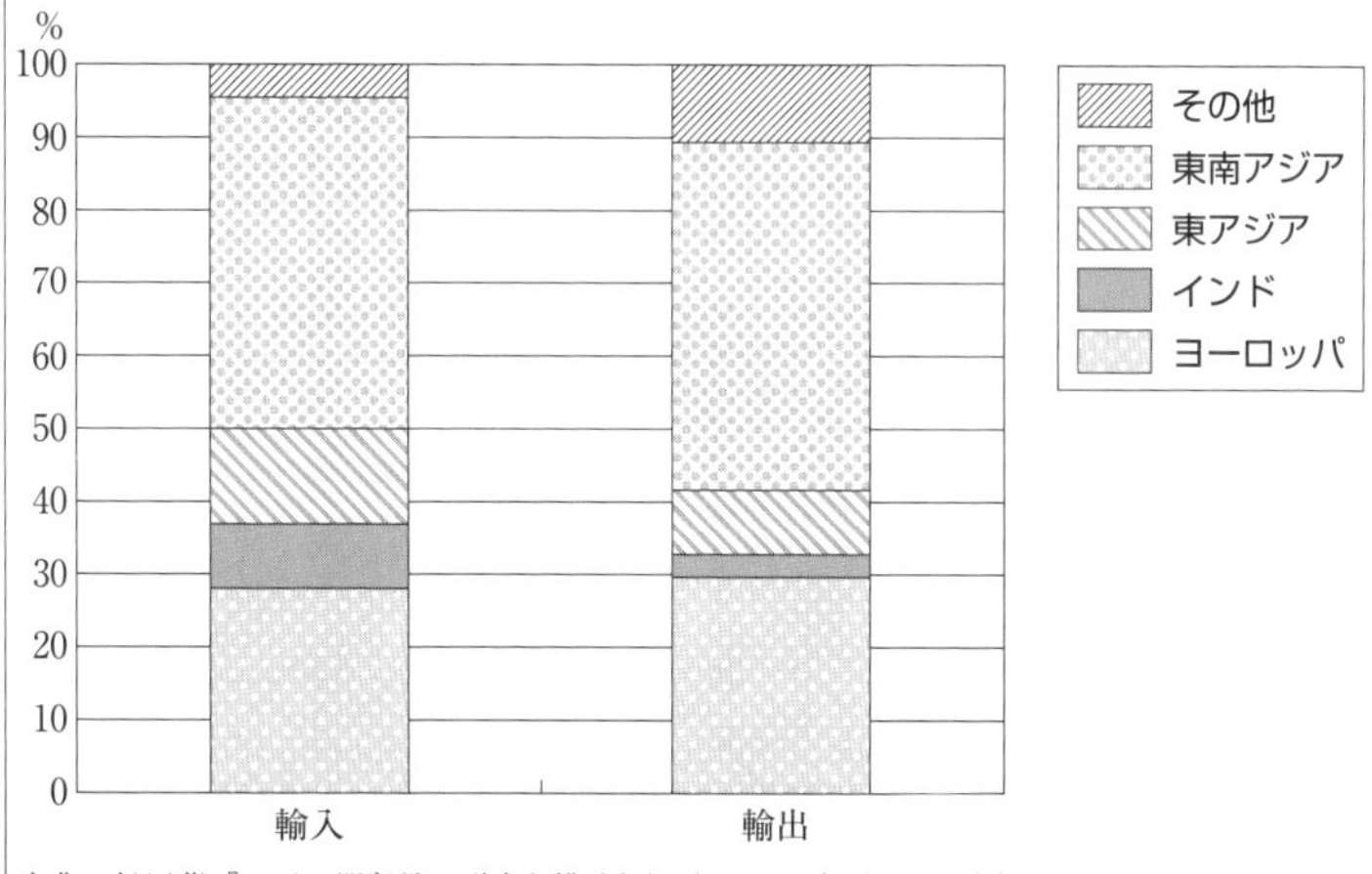

出典:杉原薫『アジア間貿易の形成と構造』(ミネルヴァ書房 1996年)をもとに作成

民地体制下の自由経済は行き詰まり、第二次世界大戦における日本の軍事占領によって完全に崩壊した。戦後、一度はイギリスの植民地に戻ったが、最終的にマラヤ・シンガポールは独立▲のときを迎えた。シンガポールは、一九六三年に新たに結成されたマレーシアに加入したが、マレー人と華人の民族対立もあり、六五年にマレーシアから分離独立した。新たに建設された国民国家が影響力を強めた時代、国際的なネットワークを武器としたシンガポールはやや輝きを失ったかにみえた。

しかし、独立後にはリー・クアンユー首相のもとで開発体制▲がしかれ、急速な経済発展を記録した。その成長は現在も続いている。その原動力は、ラッフルズが定めた自由港を基盤とした自由主義的経済政策である。かつては製造業、今は金融業の中心として、日本を含めた海域アジアの国々をつないでいる。現在のシンガポール中心部の金融街の光景は、ラッフルズの思想が今も生きていることを示している。

▼独立　戦後、シンガポールを除く英領マラヤは自治領のマラヤ連邦となり、一九五七年に独立した。六三年にシンガポール、ボルネオ島のサラワク、サバという英領植民地とマラヤ連邦の統合により、マレーシアが成立した。

▼開発体制　国家主導の経済政策を通じて工業化や効率的な経済成長をめざす体制。反面、開発独裁といわれるように、政権の少数に権力が集中する強権的な体制となりやすい。

●—シンガポール中心部の金融街

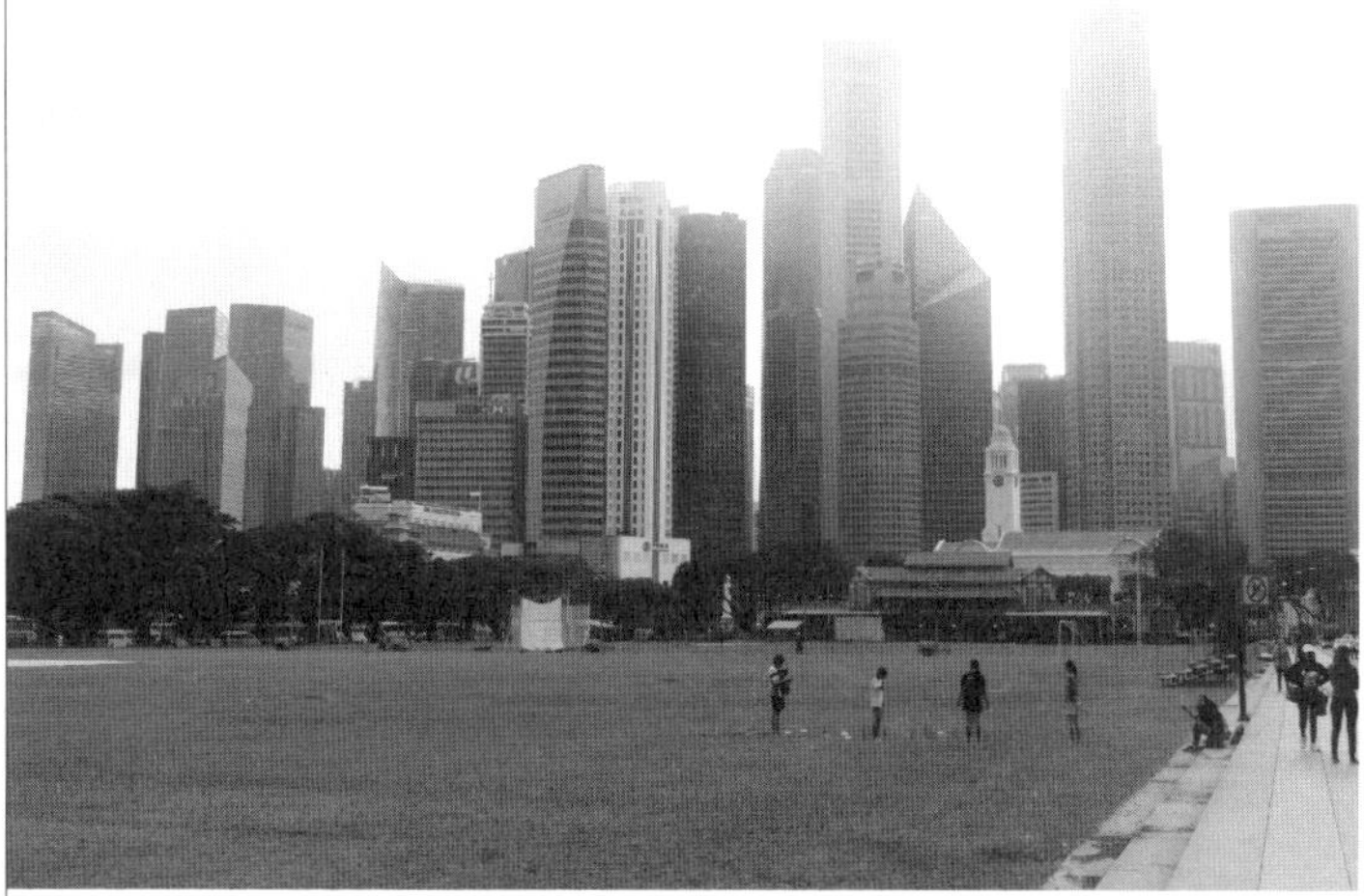

●—シンガポールの一人当たりＧＤＰの変化（単位ＵＳドル）

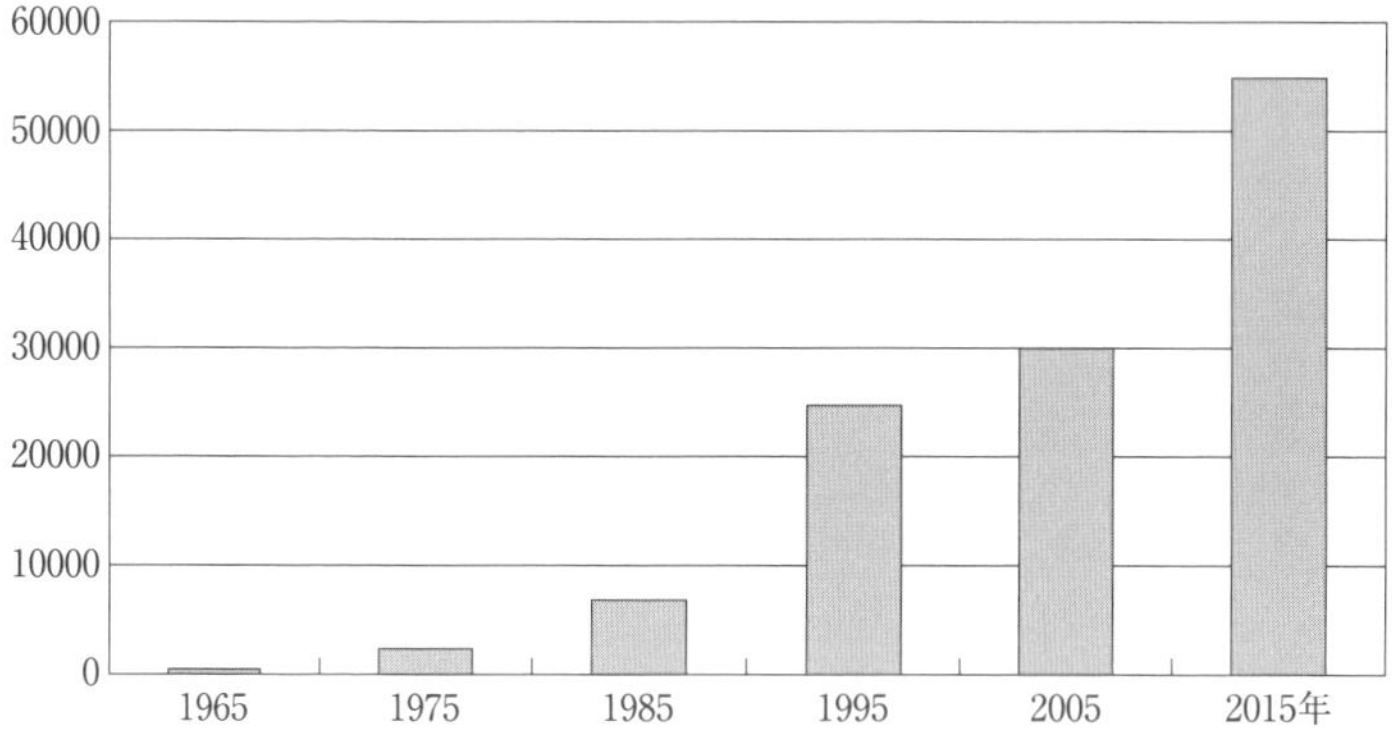

出典：世界銀行統計をもとに作成

多民族社会とプラナカン

現代の港市国家たるシンガポールは、その多民族性も引き継いでいる。しかし、港市国家ではなく国民国家として、文化の異なる人びとをいかに国民としてまとめていくかという課題も抱えている。

シンガポールは、東西を結ぶ交通の結節点となったことで、多民族が共存する社会ができた。英領ビルマの植民地行政官であったファーニヴァル▲は、東南アジアの植民地社会を「複合社会(Plural Society)」と形容した。これは、単一の政治体制のなかで複数の民族が経済的に分業しながらも、社会的には交わることなく共存する状態を指す。英領マラヤでは、人口はマレー人、華人、インド人といった人種に分かれ、人種を単位とした行政制度が築かれた。

ファーニヴァルのいう複合社会は植民地の状況を指した言葉だが、マレーシアやシンガポールは独立後も複合社会と形容された。マレー人、華人、インド人がそれぞれのナショナリズム▲を発展させ、民族同士が対立する様子は、コミュナリズムとも呼ばれた。いずれも、社会が分断され、国民統合がなされていないことを含意する表現である。

▼J・S・ファーニヴァル(一八七八〜一九六〇)　植民地官僚から研究者に転身。ヨーロッパ人、外来東洋人(華人など)、現地人からなる植民地の複合社会の統一的な需要の欠如を強調し、分権的な植民地政策の必要性を訴えた。

▼ナショナリズム　ネイション(国民・民族)の形成、発展をめざす思想。複数のコミュニティから形成された移民社会であったマラヤの場合、単一の国民を求める運動ではなく、多民族社会を前提として、マレー人、華人など各集団が地位向上をめざす運動として展開された。

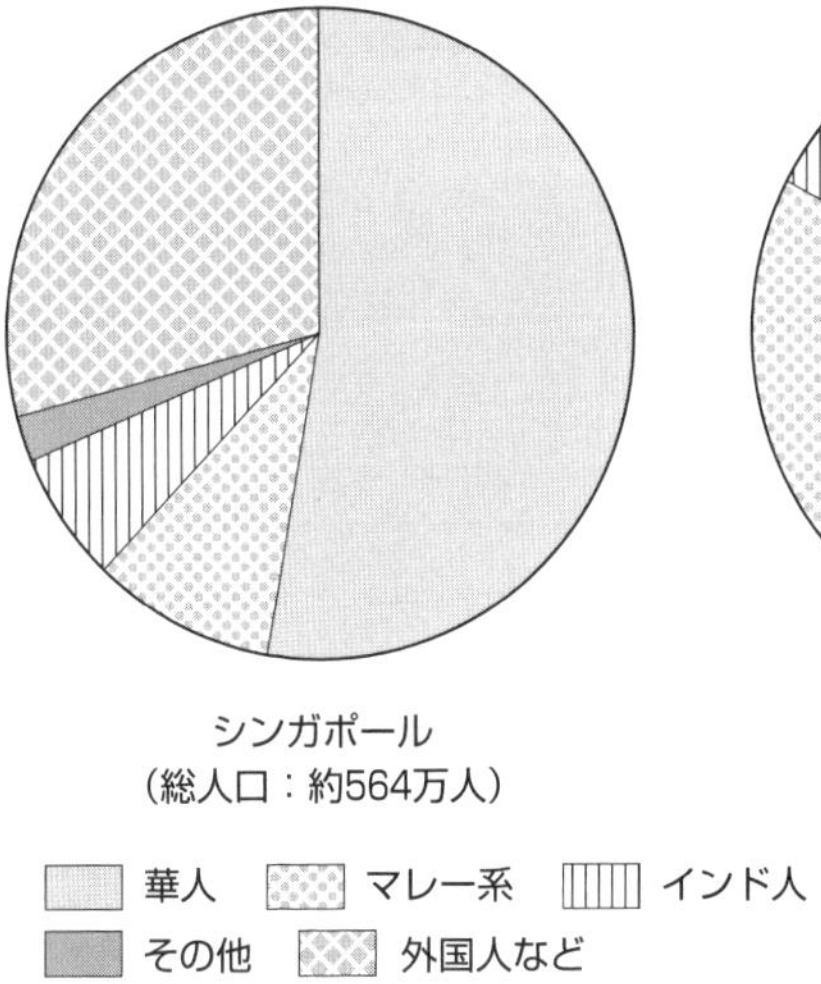

●―**シンガポール・マレーシアの民族別推計人口**（二〇一八年、両国の統計局ホームページをもとに作成）。

●―**シンガポールのプラナカン博物館**（二〇〇八年開館）　もとは華人の学校（道南学校）であった。

独立後、リー・クアンユーは、シンガポールは民族を超えた「シンガポーリアン（シンガポール人）」というアイデンティティを強調した。シンガポールは、マレーシア、インドネシアというムスリムが多数派の国に囲まれており、多数派である華人の民族性を強調するわけにはいかないという事情もあった。英語を共通語として、中国色を薄めつつ、国民統合をめざしたのである。

現在、シンガポーリアンというアイデンティティは定着したといってよい。それとともに、複合社会という表現はあまり使われなくなった。むしろ、世界で民族問題が深刻化する今日において、一つの社会に多様な人びとが存在すること自体が分断＝マイナスとしてではなく多文化共存＝プラスとして評価されるようになっている。

シンガポールの人口の流動性は現在にまで続いており、人口の四分の一が外国人であるとされる。シンガポールでは多くの多国籍企業が活動しているし、シンガポール大学では多くの外国人教員が最先端の研究に従事する。日曜日の公園では、フィリピン人の家政婦が集まってつかの間の休日を過ごす光景がみられる。ビジネスや研究の最前線から単純労働まで、多くの人びとがやってきて、経済の活力を生む。

ただし、ここでも、自由主義がもたらす理想と現実のギャップがある。経済的に自由な社会は、競争の激しい格差社会でもある。学校もまた例外ではなく、よい成績をとらねばならないという強いプレッシャーが子どもたちにのしかかる。社会に出れば、外国人との競争にさらされる。他方、経済的自由とは裏腹に、政治的自由が保障されているとはいえない。すべての人にとって居心地がよい社会とはいい難い面があることも確かだろう。

シンガポールが経済成長を遂げた現在、むしろ文化的なアイデンティティが求められるようになった。近年のシンガポールでは、「プラナカン」という言葉が強調される。プラナカンとは、マレー語で「現地生まれ」「混血者」を意味し、ルーツにかかわらず、海域東南アジアに土着化した移民とその子孫を指す。この地域の歴史は、外来の人や文化の到来と土着化の繰り返しにより展開されてきた、まさにプラナカンの歴史であるといえるだろう。

ラッフルズは、シンガポールの支配者であると同時に、自由主義の理念のもと移民を集めて新たな社会を築こうとした人物でもあった。そこに集結したプラナカンが現在のシンガポール社会を築いた。リー・クアンユーも、客家系華人の移民四世である。シンガポールは、ラッフルズの思想を取り込み、移民を現地化させることで、ラッフルズの構想を超える成長を遂げた。この外来の要素を次々と取り込む流動性とダイナミズムは、シンガポール、さらには海域世界としての東南アジアの歴史の大きな魅力といえよう。

ラッフルズとシンガポール

西暦	年齢	おもな事項
14世紀		港市シンガプーラの繁栄
1400頃		マラッカ王国の成立
1511		ポルトガルがマラッカを占領
1600		イギリス東インド会社が設立
1602		オランダ東インド会社が設立
1641		オランダがポルトガル領マラッカを占領
1776		A.スミスが『国富論』を著す
1781	0	ラッフルズが誕生
1786	5	F.ライトがペナン島を獲得
1789	8	フランス革命
1795	14	イギリス東インド会社がオランダ領マラッカを占領 ラッフルズ，東インド会社に見習社員として入社
1800	19	ラッフルズ，東インド会社の正社員となる
1805	24	ラッフルズ，オリヴィア夫人と結婚，ペナン島に赴任
1811	30	イギリス東インド会社がオランダ領ジャワを占領，ラッフルズがジャワ副知事に
1813	32	ラッフルズ，長崎に使節を派遣
1815	34	オリヴィア夫人が死去
1816	35	ラッフルズはジャワから召還されて帰国，イギリスがジャワ島をオランダに返還
1817	36	ラッフルズ，『ジャワ誌』を出版，ソフィア夫人と再婚
1818	37	ラッフルズ，ベンクーレン副知事に着任
1819	38	ラッフルズ，シンガポール島を獲得
1820	39	ラッフルズ，シンガポールの自由港を宣言
1822	41	ラッフルズ，再びシンガポールを訪問，諸改革を進める
1824	43	ラッフルズ，イギリスに帰国 英蘭協約
1826	45	ラッフルズ，死去 海峡植民地の成立
1849		『アブドゥッラー物語』出版
1874		イギリスによる半島部のマレー王権の植民地化の開始
1941		アジア太平洋戦争の開始，日本軍が東南アジア一帯を軍事占領（～1945）
1946		海峡植民地の解体，シンガポールはイギリス直轄領に
1957		マラヤ連邦がイギリスから独立
1959		シンガポールが英領下の自治領となる
1963		マレーシアの結成，シンガポールはマレーシアに加入
1965		シンガポールがマレーシアから分離独立

参考文献

秋田茂『イギリス帝国の歴史――アジアから考える(中公新書)』中央公論新社，2012年
アブドゥッラー(中原道子訳)『アブドゥッラー物語(東洋文庫392)』平凡社，1980年
生田滋「ラッフルズとシンガポールの建設――地上の楽園、理想都市、そして現実」『東南アジア世界の再編(岩波講座東南アジア史5)』岩波書店，2001年
池端雪浦編『新版世界各国史6　東南アジアII――島嶼部』山川出版社，1999年
岩崎育夫『アジア二都物語――シンガポールと香港』中央公論新社，2007年
岩崎育夫『物語シンガポールの歴史――エリート開発主義国家の200年(中公新書)』中央公論新社，2013年
A. ウォーレス(新妻昭夫訳)『マレー諸島――オランウータンと極楽鳥の土地(ちくま学芸文庫)』(上・下)，筑摩書房，1993年
N. エドワーズ(泉田英雄訳)『住まいから見た社会史――シンガポール1819～1939』日本経済評論社，2000年
太田淳『近世東南アジア世界の変容――グローバル経済とジャワ島地域社会』名古屋大学出版会，2014年
加藤祐三，川北稔『世界の歴史25――アジアと欧米世界』中央公論社，1998年
M. コリス(根岸富二郎訳)『ラッフルズ――その栄光と苦悩(アジアを見る眼34)』アジア経済研究所，1969年
桜井由躬雄・石沢良昭・桐山昇『地域からの世界史4――東南アジア』朝日新聞社，1993年
信夫清三郎『ラッフルズ伝――イギリス近代的植民政策の形成と東洋社会(東洋文庫)』平凡社，1968年
マヤ・ジャヤパール(木下光訳)『シンガポール――都市の歴史』学芸出版社，1996年
白石隆『海の帝国――アジアをどう考えるか(中公新書)』中央公論新社，2000年
篠崎香織『プラナカンの誕生――海峡植民地ペナンの華人と政治参加』九州大学出版会，2017年
田村慶子『シンガポールを知るための65章』明石書店，2016年
坪内良博『小人口世界の人口誌――東南アジアの風土と社会』京都大学学術出版会，1998年
鶴見良行『マラッカ物語』時事通信社，1981年
永積昭『オランダ東インド会社(講談社学術文庫)』講談社，2000年
西尾寛治「17世紀のムラユ諸国――その構造と諸変化」『東南アジア近世の成立(岩波講座東南アジア史3)』岩波書店，2001年
N. バーリー(柴田裕之監訳)『スタンフォード・ラッフルズ――シンガポールを創った男』凱風社，1999年
羽田正『東インド会社とアジアの海(興亡の世界史15)』講談社，2007年
トメ・ピレス(生田滋ほか訳・注)『東方諸国記(大航海時代叢書5)』岩波書店，1966年
弘末雅士『東南アジアの港市世界――地域社会の形成と世界秩序(世界歴史選書)』岩波書店，2004年
古田元夫『東南アジアの歴史(放送大学教材)』放送大学教育振興会，2018年
別技篤彦『東南アジア地域研究史序説――ラッフルズの業績を中心として』大明堂，1977年

S. H. ホイト(栗林久美子，山内奈美子訳)『ペナン——都市の歴史』学芸出版社，1996 年
桃木至朗『歴史世界としての東南アジア』山川出版社，1996 年
山下清海『シンガポールの華人社会』大明堂，1988 年
A. リード(平野秀秋ほか訳)『大航海時代の東南アジア—— 1450 〜 1680 年(叢書・ウニベルシタス)』(1・2)法政大学出版局，1997・2002 年

Ahmat,A., *Letters of sincerity: the Raffles collection of Malay letters, 1780-1824: a descriptive account with notes and translation,* Malaysian Branch of the Royal Asiatic Society, 2009.
Aljunied,S.M.K., *Rethinking Raffles: a study of Stamford Raffles' discourse on religions amongst Malays*, Marshall Cavendish Academic, 2005.
Bastin,J., *Raffles and Hastings: private exchanges behind the founding of Singapore*, Singapore: Marshall Cavendish, 2014.
Boulger,D.C., *The Life of Sir Stamford Raffles* with a preface by Dr.John Bastin, Amsteldam and Kuala Lumpur: The Pepin Press, 1999.
Cheah Boon Kheng(comp), Abdul Rahman Haji Ismail(tr), *Sejarah Melayu: The Malay annals*, Kuala Lumpur: Malaysian Branch of the Royal Asiatic Society, 1998.
Chew, E(ed.), *A History of Singapore*, Singapore: Oxford University Press, 1991.
Kwa Chong Guan and Borschberg, P.(eds), *Studying Singapore before 1819*, Singapore: Singapore University Press, 2018.
Marsden, W, *The History of Sumatra*, Singapore: Oxford University Press, 1986.
Raffles, S, *Memoir of the Life and Public Services of Sir Thomas Stamford Raffles*, with an Introduction by J, Bastin, Singapore: Oxford University Press, 1991.
Raffles, T.S., A History of Java, Cambridge University Press, 2010.
Siang,S.O., *One hundred years' history of the Chinese in Singapore*, Singapore: Oxford University Press, 1984.
Ting, K., *Singapore 1819: A Living Legacy*, Singapore: Talisman, 2019.
Trocki, C., *Prince of Pirates*, Singapore: Singapore University Press, 1979.
Turnbull, C.M., *A History of Singapore*, Singapore: NUS Press, 2009.
Winstedt, R.O., *A history of Johore 1365-1895*, Kuala Lumpur: MBRAS, 1992.
Wright, N. H., *William Farquhar and Singapore*, Penang: Entrepot Publishing, 2017.
Wurtzburg, C.E., Raffles of the Eastern Isles, Singapore: Oxford University Press, 1986.

図版出典一覧

Indonesian Heritage 3, Early Modern History, Singapore, 1999. *45*

Oxford Illustrated Encyclopedia, World History from 1800 to the Present Day, Oxford, 1988. *3* 中

Raffles in Southeast Asia: Revisiting The Scholar and Statesman, Singapore, 2019. *76, 79* 下

The Encyclopedia of Malaysia 7, Early Modern History: 1800–1940, Singapore, 2004. *27* 下, *41* 上

The Encyclopedia of Malaysia 9, Languages and Literature, Singapore, 2004. *73, 74, 77*

Andrew Barber, Colonial Penang 1786–1957, Kuala Lumpur, c2017. *27* 左上

John Bastin, *Raffles and Hastings: Private Exchanges behind the Founding of Singapore*, Singapore, 2014. *38*

Norman Edwards, *The Singapore House and Residential Life: 1819–1939*, Oxford/New York, 1991. *65* 中

エスビー食品株式会社提供 *9*

著者提供 *3* 下, *15, 27* 右上・中, *41* 下, *61, 64, 65* 上・下, *66, 69, 70, 79* 上・中, *83, 97, 99*

PPS 通信社提供 カバー表, カバー裏, 扉, *2, 8, 80*

坪井祐司(つぼい　ゆうじ)
1974年生まれ
東京大学大学院人文社会系研究科博士課程修了
専攻，マレーシア近現代史
現在，名桜大学国際学群上級准教授

主要著書・論文

「英領マラヤにおけるマレー人概念の土着化――スランゴル州におけるマレー人エリート層の形成」『東洋学報』93-2(東洋文庫 2011)

「1930年代初頭の英領マラヤにおけるマレー人性をめぐる論争――ジャウィ新聞『マジュリス』の分析から」『東南アジア　歴史と文化』45(東南アジア学会 2016)

坪井祐司・山本博之編『『カラム』の時代IX―マレー・ムスリムの越境するネットワーク2』(京都大学東南アジア地域研究研究所 2018)

古田元夫『東南アジアの歴史』(分担執筆，放送大学教育振興会 2018)

"The Transformation of the Framework of Bangsa in British Malaya: The Malay Community in Selangor under the Colonial Administration", in Yamamoto H et al(eds), *Bangsa and Umma: Development of People-grouping Concepts in Islamized Southeast Asia,* Kyoto University Press, Kyoto, 2011

世界史リブレット人68

ラッフルズ
海の東南アジア世界と「近代」

2019年6月20日　1版1刷印刷
2019年6月30日　1版1刷発行

著者：坪井祐司

発行者：野澤伸平

装幀者：菊地信義

発行所：株式会社 山川出版社

〒101-0047　東京都千代田区内神田1-13-13
電話　03-3293-8131(営業)　8134(編集)
https://www.yamakawa.co.jp/
振替　00120-9-43993

印刷所：株式会社 プロスト

製本所：株式会社 ブロケード

 ISBN978-4-634-35068-7

世界史リブレット 人

1 ハンムラビ王——中田一郎
2 ラメセス2世——高宮いづみ・河合 望
3 ネブカドネザル2世——山田重郎
4 ペリクレス——前沢伸行
5 アレクサンドロス大王——澤田典子
6 古代ギリシアの思想家たち——高畠純夫
7 カエサル——毛利 晶
8 ユリアヌス——南川高志
9 ユスティニアヌス大帝——大月康弘
10 孔子——高木智見
11 商鞅——太田幸男
12 武帝——冨田健之
13 光武帝——小嶋茂稔
14 冒頓単于——沢田 勲
15 曹操——石井 仁
16 孝文帝——佐川英治
17 柳宗元——戸崎哲彦
18 安禄山——森部 豊
19 アリー——森本一夫
20 マンスール——高野太輔
21 アブド・アッラフマーン1世——佐藤健太郎
22 ニザーム・アルムルク——井谷鋼造
23 ラシード・アッディーン——渡部良子
24 サラディン——松田俊道
25 ガザーリー——青柳かおる
26 イブン・ハルドゥーン——吉村武典
27 レオ・アフリカヌス——堀井 優
28 イブン・ジュバイルとイブン・バットゥータ——家島彦一
29 カール大帝——佐藤彰一
30 ノルマンディー公ウィリアム——有光秀行
31 ウルバヌス2世と十字軍——池谷文夫
32 ジャンヌ・ダルクと百年戦争——加藤 玄
33 王安石——小林義廣
34 クビライ・カン——堤 一昭
35 マルコ・ポーロ——海老澤哲雄
36 ティムール——久保一之
37 李成桂——桑野栄治
38 永楽帝——荷見守義
39 アルタン——井上 治
40 ホンタイジ——楠木賢道
41 李自成——佐藤文俊
42 鄭成功——奈良修一
43 康熙帝——岸本美緒
44 スレイマン1世——林佳世子
45 アッバース1世——前田弘毅
46 バーブル——間野英二
47 大航海の人々——合田昌史
48 コルテスとピサロ——安村直己
49 マキァヴェッリ——北田葉子
50 ルター——森田安一
51 エリザベス女王——青木道彦
52 フェリペ2世——立石博高
53 クロムウェル——小泉 徹
54 ルイ14世とリシュリュー——林田伸一
55 フリードリヒ大王——屋敷二郎
56 マリア・テレジアとヨーゼフ2世——稲野 強
57 ピョートル大帝——土肥恒之
58 コシューシコ——小山 哲
59 ワットとスティーヴンソン——大野 誠
60 ワシントン——中野勝朗
61 ロベスピエール——松浦義弘
62 ナポレオン——上垣 豊
63 ヴィクトリア女王、ディズレーリ、グラッドストン——勝田俊輔
64 ガリバルディ——北村暁夫
65 ビスマルク——大内宏一
66 リンカン——岡山 裕
67 ムハンマド・アリー——加藤 博
68 ラッフルズ——坪井祐司
69 チュラロンコン——小泉順子
70 魏源と林則徐——大谷敏夫
71 曾国藩——清水 稔
72 金玉均——原田 環
73 レーニン——和田春樹
74 ウィルソン——長沼秀世
75 ビリャとサパタ——国本伊代
76 西太后——深澤秀男
77 梁啓超——高柳信夫
78 袁世凱——田中比呂志
79 宋慶齢——石川照子
80 近代中央アジアの群像——小松久男
81 ファン・ボイ・チャウ——今井昭夫
82 ホセ・リサール——池端雪浦
83 アフガーニー——小杉 泰
84 ムハンマド・アブドゥフ——松本 弘
85 イブン・アブドゥル・ワッハーブとイブン・サウード——保坂修司
86 ケマル・アタテュルク——設樂國廣
87 ローザ・ルクセンブルク——姫岡とし子
88 ムッソリーニ——高橋 進
89 スターリン——中嶋 毅
90 陳独秀——長堀祐造
91 ガンディー——井坂理穂
92 スカルノ——鈴木恒之
93 フランクリン・ローズヴェルト——久保文明
94 汪兆銘——劉 傑
95 ヒトラー——木村靖二
96 ド・ゴール——渡辺和行
97 チャーチル——木畑洋一
98 ナセル——池田美佐子
99 ンクルマ——砂野幸稔
100 ホメイニー——富田健次

〈シロヌキ数字は既刊〉